Tim Dowley
Der Atlas zur Reformation in Europa

Tim Dowley

Der Atlas zur Reformation in Europa

Kartograf: Nick Rowland FRGS

aus dem Englischen von Ernst Neumann

neukirchener aussaat

Bibliografische Information der Deutschen Nationalbibliothek

Die Deutsche Nationalbibliothek verzeichnet diese Publikation in der Deutschen Nationalbibliografie; detaillierte bibliografische Daten sind im Internet über http://dnb.d-nb.de abrufbar.

Lektorat: Nicole Rupschus, Berlin
DTP: Trevor Bounford, www.bounford.com
Verwendete Schriften: Acumin, Minion, Myriad
Umschlaggestaltung: Alisha Lofgren, unter Verwendung von Bildern von dreamstime.com und shutterstock.com: (von oben, v.l.n.r.) © Jose Antonio Sánchez Reyes; © Hai Huy Ton That; © Bkaiser; © Tonino Corso; © Hans Klamm; © Neil Harrison; © photolike
Printed in China
ISBN 978-3-7615-6331-1

www.neukirchener-verlage.de

Eine Karte ist nicht einfach eine abgemessene Darstellung der Welt. Ein Karte erschließt Welten und erschafft Bedeutung. Sie formt eine Brücke zwischen dem Hier und dem Dort, zwischen zwei ungleichen Gedanken, von denen wir nicht einmal wussten, dass sie zusammengehören.

REIF LARSEN

Die Geschichte ist eine Uhr, die uns unsere politische und kulturelle Uhrzeit anzeigt. Sie ist der Kompass, der uns hilft, uns auf der Karte der menschlichen Geografie zurechtzufinden. Sie sagt uns, wo wir sind.

JOHN HENRIK CLARKE

Inhaltsverzeichnis

Teil 3: Erneuerungsbewegungen und Gegenreformation

Teil 4: Europa in der Frühmoderne

Kartenverzeichnis

Vorwort

In diesem Atlas soll es um die Ursprünge, Hintergründe und die Ausbreitung der Reformation und ihrer Folgen für Europa und die ganze Welt gehen. Auch die katholische Reform und Gegenreformation erhalten eine umfangreiche und tiefgehende Betrachtung, ebenso wie die politischen und militärischen Konflikte, die teilweise aus diesen theologischen und kirchlichen Umwälzungen entstanden sind. Damit die Abfolge der Ereignisse übersichtlich bleibt, ist dem Kartenwerk eine detaillierte Chronologie vorangestellt.

Wir sind davon überzeugt, dass dieser Atlas in seiner digitalen Gestaltung und seinem Umfang etwas völlig Neues darstellt: ein umfassender historischer Atlas der Religionsgeschichte der europäischen Frühmoderne mit einem Blick auf deren Wirkung auf dem gesamten Globus.

Sämtliche Texte und Hintergründe stammen aus der Feder von Tim Dowley. Die gesamte kartografische Arbeit wurde von Nick Rowland aus Cambridge gestemmt. Für Layout und Design des Atlasses war Trevor Bounford (www.bounford.com) zuständig. Die Verzeichnisse stammen von Christopher Pipe. Unser wissenschaftlicher Berater war Dr. Richard Snoddy von der London School of Theology.

Zeitstrahl 1300–1700

1300 · 1310 · 1320 · 1330 · 1340 · 1350 · 1360 · 1370 · 1380 · 1390 · 1400

- 1302 Papst Bonifatius VIII. (Amt: 1294–1303) verkündet päpstliche Bulle *Unam sanctam*
- 1304–74 Francesco Petrarca, italienischer Gelehrter und Dichter
- ca.1308–21 Dante Alighieri schreibt *Die göttliche Komödie*
- 1309–77 Päpstlicher Hofstaat zieht nach Avignon um, Beginn des ‚Babylonischen Exils der Kirche'
- ca. 1330–84 John Wyclif, englischer Reformator
- 1337–1453 Hundertjähriger Krieg zwischen England und Frankreich
- 1346–53 Beulenpest wütet in Europa
- ca. 1369–1415 Jan Hus, tschechischer Reformator
- 1378–1418 Großes Abendländisches Schisma: zeitgleiche Existenz von zwei, sogar drei Päpsten
- ca. 1380–1471 Thomas von Kempen, Verfasser der *De imitatione Christi*
- 1382–95 Wyclif-Bibel: landessprachliche Übersetzung ins Mittelenglische

Päpstlicher Palast in Avignon

1337–1453 Hundertjähriger Krieg zwischen England und Frankreich

ca. 1369–1415 Jan Hus, tschechischer Reformator

1378–1418 Großes Abendländisches Schisma: zeitgleiche Existenz von zwei, sogar drei Päpsten

ca. 1380–1471 Thomas von Kempen, Verfasser der *De imitatione Christi*

1414–18 Konzil von Konstanz beendet die Kirchenspaltung; verurteilt Hus

1452–1519 Leonardo da Vinci, italienischer Maler, Erfinder und Gelehrter

1453 Das Osmanische Reich erobert Konstantinopel

1454/55 Veröffentlichung der Gutenberg-Bibel

Seite aus der Gutenberg-Bibel

1466–1536 Erasmus von Rotterdam, Theologe und Humanist

1471–1528 Albrecht Dürer, deutscher Maler

1478 Gründung der Spanischen Inquisition

1482–1531 Johannes Oekolampad, deutscher Reformator

1483–1546 Martin Luther, deutscher Reformator

1484–1531 Ulrich Zwingli, Schweizer Reformator

1489–1556 Thomas Cranmer, Erzbischof von Canterbury und Reformator

1491–1556 Ignatius von Loyola, Gründer des Jesuitenordens

1491–1551 Martin Bucer, protestantischer Reformator in Straßburg

1492 Spanien erobert Granada im Rahmen der *Reconquista* zurück

1492 Kolumbus landet auf den Bahamas

Amt: 1492–1503 Papst Alexander VI.

1493 Der Papst teilt die Neue Welt zwischen Spanien und Portugal auf

ca. 1495 da Vinci stellt *Das Abendmahl* fertig

1496–1561 Menno Simons, Begründer der Mennoniten

ca. 1497–1543 Hans Holbein, deutscher Maler

1497 John Cabot entdeckt Neufundland

1497–99 Vasco da Gama entdeckt den Seeweg nach Indien

1498 Girolama Savonarola wird wegen Ketzerei auf dem Scheiterhaufen verbrannt, Florenz

ca. 1498–1526 Conrad Grebel, radikaler Schweizer Reformator

1500 1510 1520 1530 1540 1550 1560 1570 1580 1590 1600

1452–1519 Leonardo da Vinci, italienischer Maler, Erfinder und Gelehrter

1466–1536 Erasmus von Rotterdam, Theologe und Humanist

1471–1528 Albrecht Dürer, deutscher Maler

1482–1531 Johannes Oekolampad, deutscher Reformator

1483–1546 Martin Luther, deutscher Reformator

1484–1531 Ulrich Zwingli, Schweizer Reformator

1489–1556 Thomas Cranmer, Erzbischof von Canterbury und Reformator

1491–1556 Ignatius von Loyola, Gründer des Jesuitenordens

1491–1551 Martin Bucer, protestantischer Reformator in Straßburg

Amt: 1492–1503 Papst Alexander VI.

1496–1561 Menno Simons, Begründer der Mennoniten

ca. 1497–1543 Hans Holbein, deutscher Maler

ca. 1498–1526 Konrad Grebel, radikaler Schweizer Reformator

1502 Gründung der Universität von Wittenberg

1504–75 Heinrich Bullinger, Nachfolger von Ulrich Zwingli

1506 Wiederaufbau des Petersdoms in Rom beginnt

1508–12 Michelangelo arbeitet am Deckengemälde der Sixtinischen Kapelle

1509 Heinrich VIII. heiratet Katharina von Aragon

1509–64 Johannes Calvin, französischer Reformator

1510/11 Luther besucht Rom

ca. 1512 Kopernikus behauptet, dass sich die Erde um die Sonne dreht

ca. 1514–72 John Knox, schottischer Reformator

1516 Veröffentlichung von Erasmus' Griechischem Neuen Testament

1517 Papst Leo X. gewährt Ablässe, um den Bau des Petersdom zu finanzieren

1517 Luther schlägt die *95 Thesen* an die Tür der Schlosskirche

1518 Luther verteidigt seinen Standpunkt bei der Heidelberger Disputation

1518 Thomas Cajetan befragt Luther nach dem Augsburger Reichstag

1519 Zwingli beginnt Reformation in Zürich

Erasmus von Rotterdam

1519 Luther diskutiert mit Johannes von Eck bei der Leipziger Disputation

Amt: 1519–56 Karl V., Kaiser des Heiligen Römischen Reiches

1519–21 Spanien unterwirft Mexiko

1520 Leo X. droht Luther in seiner Bulle *Exsurge Domine* mit Exkommunikation

1520–66 Süleyman I. („der Prächtige"), Sultan des Osmanischen Reiches

1521 Luther weigert sich, auf dem Wormser Reichstag zu widerrufen

1521 Luther in Schutzgewahrsam auf der Wartburg

1521 Leo X. verleiht Heinrich VIII. den Titel „Verteidiger des Glaubens" (lat. *fidei defensor*)

1521 Magellan erhebt im Namen Spaniens Anspruch auf die Philippinen

1521 Osmanen erobern Belgrad

1522 Veröffentlichung von Luthers Neuem Testament

1524 Erasmus veröffentlicht die gegen Luther gerichtete Streitschrift *De libero arbitrio* („Vom freien Willen")

1524–25 Bauernkrieg

1525 Luther heiratet Katherina von Bora

1525 Luther antwortet auf Erasmus' Streitschrift mit der Gegenschrift *De servo arbitrio* („Vom geknechteten Willen")

1525 Erste Täuferbewegung in Zürich

1526 Veröffentlichung von Tyndales Neuem Testament

1526 Erste lutherische Predigt in Dänemark

1526 Formierung des protestantischen Torgauer Bunds

1526 Der Reichstag von Speyer verschiebt die Vollstreckung des Wormser Edikts

1527 Reformationsbeginn in Schweden

1527 Rebellierende deutsche und spanische Truppen plündern Rom (*Sacco di Roma*)

1528 Reformation in Bern

1529 Luther und Zwingli streiten sich beim Marburger Religionsgespräch um die Gegenwart Christi beim Abendmahl

1529 „Protestation zu Speyer" während Reichstag ist der Ursprung der Bezeichnung „Protestant"

1529 Reformation in Basel abgeschlossen

1529 Osmanische Truppen belagern Wien

1529–36 Das „Reformationsparlament" tagt in England

1530 Augsburger Bekenntnis, das erste lutherische Glaubensbekenntnis

Luther und Zwingli beim Marburger Religionsgespräch

1500 | 1510 | 1520 | 1530 | 1540 | 1550 | 1560 | 1570 | 1580 | 1590 | 1600

1531 Lutheraner gründen Verteidigungsbündnis: Schmalkaldischer Bund

1531 Thomas Bilney (ca. 1495–1531) wird wegen Ketzerei in Norwich hingerichtet

1531 Zwingli wird im Zweiten Kappeler Krieg getötet

1531 Bullinger übernimmt Zwinglis Nachfolge

1533 Die Heirat von Heinrich VIII. und Katharina von Aragon wird annuliert

1533 Calvin flieht vor Verfolgungen in Paris

1533 Jakob Hutter vereinigt Täuferbewegungen in Mähren

1533 Francisco Pizarro unterwirft Peru

1533–55 Thomas Cranmer, Erzbischof von Canterbury

1534 Veröffentlichung der vollständigen Lutherbibel

1534 Suprematsakte: Heinrich VIII. ernennt sich zum „Oberhaupt der Kirche von England“

1534 Ignatius von Loyola und enge Freunde legen Gelübde in Paris ab

1534–35 Täuferreich von Münster

1535 Kardinal John Fisher und Sir Thomas Morus werden in London hingerichtet

1535 Veröffentlichung der Coverdale-Bibel (beinhaltet Apokryphen)

1536 Kleinere englische Klöster werden aufgelöst

1536 Pilgerfahrt der Gnade in Nordengland

1536 Erste Ausgabe von Calvins Dogmatik *Institutio* wird veröffentlicht

1536 Tyndale wird wegen Ketzerei verurteilt und hingerichtet

1536 Menno Simons sagt sich von Rom los; wird Anführer einer Täuferbewegung in den Niederlanden

1536 Christian III. erklärt lutherischen Protestantismus in Dänemark-Norwegen zur Staatsreligion

1536–38 Calvins erste Schaffensphase in Genf

1537 Die von Papst Paul III. berufene Reformkommission legt Bericht vor

1537 Schmalkaldische Artikel legen lutherische Glaubensgrundsätze dar

1538–41 Calvin wird aus Genf verbannt und flieht nach Straßburg

1539 Sechs Artikel etablieren katholische Glaubensgrundsätze in anglikanischer Kirche

1539 Auflösung der größeren Klöster in England

1540 Paul III. legitimiert die *Societas Jesu* (Jesuiten)

1541 Regensburger Religionsgespräch bleibt erfolglos; keine Einigung von Protestanten und Katholiken

Ulrich Zwingli

1542 Franz Xaver (Francisco de Xavier; 1506–52) landet auf Goa

1542 Paul III. gründet Römische Inquisition

1543 Luther schreibt *Von den Juden und ihren Lügen*

1545–47 Erste Sitzung des Konzils von Trient

1546 George Wishart, schottischer Reformator, wird auf dem Scheiterhaufen verbrannt

1547-53 Regentschaft Eduards VI. in England

1548 Augsburger Interim

1549 *Consensus Tigurinus* wird von Calvin und Bullinger verfasst

1549 Das erste englische Gebetbuch (*Common Book of Prayer*) wird veröffentlicht

1549 Xaver erreicht Japan

1551–52 Zweite Sitzung des Konzils von Trient

1552 Bartolomé de Las Casas veröffentlicht *Kurzgefaßter Bericht von der Verwüstung der westindischen Länder*

1553 Der Antitrinitarier Michael Servetus wird in Genf hingerichtet

1553-58 Maria I. regiert in England – Die Reformationsmaßnahmen Eduards VI. werden wieder rückgängig gemacht

1555 Augsburger Reichs- und Religionsfrieden beendet den ersten Religionskrieg

1555 Augsburger Religionsfriede erlaubt es Fürsten, die Religion ihres Herrschaftsgebiets zu bestimmen

1555 Johannes Sleidanus veröffentlicht die erste Geschichte der Reformation

1556 Thomas Cranmer wird hingerichtet

1558–1603 Herrschaft Elisabeths I. von England

1558 Suprematsakte: Elisabeth nicht mehr Oberhaupt, sondern „Oberster Gouverneur" der englischen Kirche

1558 Endgültige Fassung von Calvins *Institutio* wird fertig

1558 John Knox kehrt nach Schottland zurück

1560 Veröffentlichung der Genfer Bibel, der ersten Bibel mit Versunterteilungen

1561 Gespräch von Poissy

1561 Reformiertes niederländisches Glaubensbekenntnis

1562–63 Dritte Sitzung des Konzils von Trient

1562 Teresa (1515–82) gründet ein Reformkloster in Avila

1562–98 Hugenottenkriege in Frankreich

1563 Heidelberger Katechismus der reformierten Kirchen

Konzil von Trient

Protestantische Märtyrer in Oxford

1500 1510 1520 1530 1540 1550 1560 1570 1580 1590 1600

1563 Die anglikanische Kirche gibt die Neunundreißig Artikel heraus

1563 Veröffentlichung von John Foxes *Acts and Monuments* (allg. bekannt als „Foxes Buch der Märtyrer")

1564–1616 William Shakespeare, englischer Dramatiker und Lyriker

1566 Maria Stuart („Königin der Schotten") flieht nach England

1567–68 Kirchengewänder-Streit in der anglikanischen Kirche

1568–1648 Niederländische Revolution, Achtzigjähriger Krieg

1570 Pius' V. Bulle *Regnans in Excelsis* erklärt Elisabeth I. zur Ketzerin

1570 Im Consensus von Sandomir versöhnen sich Protestantengruppen in Polen

1571 Seeschlacht von Lepanto: katholische Koalition besiegt osmanische Flotte

1572 Bartholomäusnacht-Massaker in Frankreich

1575 *Confessio Bohemica*, einheitliches, protestant. Bekenntnis in Böhmen

1576 „Spanische Furie": Plünderung von Antwerpen

1579 Der erste Erzbischof von Manila wird erwähnt

1580 *Konkordienformel* vereinigt viele dt. Lutheraner

1580 Michel de Montaigne: Veröffentlichung der *Essays*

1581 Der Jesuit Edmund Campion wird in London hingeric

1582 Aufnahme des Gregorianischen Kalenders

1583 Der italienische Jesuit Matteo Ricci betritt China

1583–1605 Gründung von Jesuitenreduktion in Südamerika

1584 Ermordung Wilhelms von Oranien

1586 Gespräch von Montbeliard: Lutheraner und Reformierte finden keine Einigung

1586 Der slowenische Reformator Primoz Trubar stirbt

1588 Veröffentlichung des ersten „Martin Marprelate"-Traktats in England

1588 Spanische Armada wird beim Versuch, England einzunehmen, zerstört

1590 Gaspar Karoli fertigt die erste vollständige Bibelübersetzung auf Ungarisch an

1593 Heinrich IV. von Frankreich schwört vom protestantischen Glauben ab

1598 Edikt von Nantes gewährt den Hugenotten beschränkte Rechte

Bartholomäusnacht in Paris

1564–1616 William Shakespeare, englischer Dramatiker und Lyriker
1568–1648 Niederländische Revolution, Achtzigjähriger Krieg
1583–1605 Gründung von Jesuitenreduktion in Südamerika
1603–25 Jakob I. von England
1604 Tod des Fausto Sozzini; anti-trinitarischer Theologe
1605 Der italienische Missionar Robert de Nobili erreicht Indien
1605 Pulververschwörung in London wird vereitelt
1608–74 John Milton, englischer Dichter
1609 Der holländische reformierte Theologe Jakob Arminius stirbt
1611 Veröffentlichung der King James Bible
1611 Englische und schottische Protestanten werden in Ulster, Irland angesiedelt
1618–19 Synode von Dordrecht lehnt arminianische (remonstrantische) Lehren ab
1618–48 Dreißigjähriger Krieg in Deutschland
1620 Englische Pilger erreichen Massachusetts an Bord der *Mayflower*
1621 Kardinal Robert Bellarmine, Anführer der Gegenreformation, stirbt
1623–62 Blaise Pascal, christlicher Philosoph, Mathematiker und Physiker
1625–49 Karl I. regiert in England und Schottland
1631 Gustaf Adolf entscheidet die Schlacht von Breitenfeld, rettet damit den Protestantismus
1633 Galileo Galilei wird von der Inquisition für die Verbreitung der kopernikanischen Theorie verhört
1637 René Descartes veröffentlicht seine Wissenschaftsphilosophie *Discours de la méthode*
1640 Der französische Katholik Cornelius Jansen veröffentlicht *Augustinus*
1641 Irische Rebellion
1642–49 Englischer Bürgerkrieg
1643 Die Tagung der Westminstersynode beginnt
1643 Protestantische Schotten verfassen das Abkommen *Solemn League and Covenant*
1646 Beginn von John Eliots Missionstätigkeit unter den Ureinwohnern Nordamerikas
1648 *Bekenntnis von Westminster*
1648 Der Westfälische Friede beendet den Dreißigjährigen Krieg
1649 Hinrichtung Karls I.
1656 Blaise Pascal kritisiert die Jesuiten scharfzüngig in seinen *Briefen in die Provinz* und ergreift Partei für die Jansenisten
1658 Oliver Cromwell, Lordprotektor von England, stirbt
1660 Stuart-Restauration unter Karl II. (1660–85)
1662 Wiederherstellung der Episkopalkirche in England
1667 John Milton veröffentlicht *Paradise Lost*
1675 Philipp Jakob Spener veröffentlicht *Pia Desideria*; Grundlage eines pietistischen Reformprogramms
1678 Veröffentlichung von John Bunyans *Pilgrim's Progress*
1682 Pennsylvania wird auf Basis allg. religiöser Toleranz gegründet
1685 Ludwig XIV. hebt das Edikt von Nantes auf
1688 „Glorreiche Revolution": Wilhelm III. von Oranien besteigt englischen Thron
1689 Toleranzakte gewährt Nonkonformisten eingeschränkte Religionsfreiheit in England

Frontispitz der King-James-Bibel

Einleitung

In den Jahren zwischen 1350 und 1650 durchlief die Kirche in Westeuropa einschneidende organisatorische, moralische und dogmatische Reformen, die sie nachhaltig veränderte. Begleitet wurden diese Veränderungen von Konflikten zwischen unterschiedlichen Parteien: diejenigen, die die Traditionen und den Glauben der mittelalterlichen Kirche aufrechterhalten wollten, und andere, die davon überzeugt waren, dass Reformen in Moral und Glaubenslehre notwendig waren. Auch innerhalb der Reformer gab es Streitigkeiten zwischen Anhängern unterschiedlicher Reformationsansätze oder Theologien.

Diese Reformation spaltete die westeuropäische Kirche, die bis dahin mehr als tausend Jahre lang eine nahezu geschlossene Einheit gewesen war. Nach diesem Jahrtausend war es schwer zu fassen, dass es nun nicht mehr die eine christliche Kirche gab. Mit der Zeit wurde auch deutlich, dass weder Unterdrückung noch Dialog die gespaltene Kirche würde wieder zusammenführen können. Zusammen mit politischen, sozialen und wirtschaftlichen Faktoren führte dieses religiöse Schisma zu militärischen Konflikten, die Europa zwischen 1546 und 1648 ins Chaos stürzten.

Der erste Teil des Atlas behandelt den Zeitabschnitt vor der Reformation: die geschichtlichen und gesellschaftlichen Hintergründe des Spätmittelalters, die Rolle der Kirche in dieser Gesellschaft und diverse vorreformatorische Bewegungen der Ära. Obwohl die mittelalterliche Kirche den religiösen Bedürfnissen ihrer Zeit gerechter wurde, als es viele Historiker zugeben möchten, hatte sie doch viele Menschen dermaßen entfremdet, dass diese bereit waren, die protestantische Reformation zu unterstützen.

Der zweite Teil befasst sich anschließend mit dem Beginn der Reformation während des 16. Jahrhunderts, deren Hauptakteur natürlich Martin Luther war. Seine Überzeugung, dass die Lehren der Kirche während des Mittelalters verdreht worden waren und wieder an die Heilige Schrift angepasst werden mussten, war es, die die endgültige Spaltung der Kirche mit sich brachte. Daraus entwickelten sich schon bald viele weitere Reformationsbewegungen. Das lutherische Bekenntnis breitete sich in Deutschland und Skandinavien aus, während neue, urban geprägte Bewegungen in der Schweiz, aber auch in Deutschland hervortraten. In ganz Europa entstanden zudem radikale Gruppen, die sich durch ihre Ablehnung der Zusammenarbeit mit den weltlichen Machthabern (landesherrliches Kirchenregiment) definierten. In Genf war Johannes Calvin an der Spitze einer Reformationsbewegung, die bald viele Nachahmer auf dem Kontinent finden würde. In England setzte Heinrich VIII. tiefgreifende Änderungen in der Kirche durch, deren Motivation jedoch nur wenig mit geistlicher Reformation zu tun hatte. Trotzdem erlebte auch die englische Kirche eine protestantische Reformation, deren Saat erst zu Zeiten von Heinrichs Tochter Elisabeth aufging. Auch in Schottland konnte protestantisches Gedankengut Fuß fassen.

All das veranlasste die römisch-katholische Kirche dazu, sich selbst zu verändern und damit auch dem schnell wachsenden Protestantismus die Stirn zu bieten – diese Reformen sind Thema des dritten Abschnitts. Nach dem erfolglosen Versuch, den Bruch zwischen der Kirche in Rom und den protestantischen Bewegungen zu überwinden, wurde auf einen päpstlichen Erlass hin das Konzil von Trient einberufen. Im Laufe von drei Sitzungen kamen die Kirchenführer zu der Erkenntnis, dass die Theologie der mittelalterlichen Kirche nicht mit der protestantischen Reformationsbewegung vereinbart werden könne, jedoch moralisch-geistliche Veränderungen innerhalb der römisch-katholischen Kirche notwendig wären. Die Entdeckung der amerikanischen Kontinente weckte aufs Neue das Interesse daran, das Evangelium in aller Welt zu verkündigen. Innerhalb der katholischen Kirche übernahm die Gesellschaft Jesu – der von Ignatius von Loyola gegründete Jesuitenorden – eine tragende Rolle in der Mission und sandte Missionare in die „Neue Welt", nach Indien, China und Japan. Protestantische Missionare versuchten hauptsächlich, das Evangelium zu den Indianern Nordamerikas, in den englischen Kolonien, zu tragen.

Eine weitere Folge der miteinander konkurrierenden Reformationsbewegungen waren theologische und militärische Konflikte. Diese werden im vierten Abschnitt des Atlasses behandelt.

Zusätzlich zu dem theologischen Disput zwischen Protestanten und Katholiken herrschte auch innerhalb der protestantischen Bewegung tiefe Uneinigkeit: die Anhänger Luthers, Zwinglis und Calvins führten heftige Debatten untereinander, waren sich in ihrer Kritik und Verfolgung der Täuferbewegungen wiederum einig. Die Täufer selbst waren ebenfalls keine einheitliche Bewegung und manche Gruppen versuchten sogar, ihre Ziele mit Gewalt durchzusetzen.

Das zweite Jahrhundert der Reformation sah Deutschland, Frankreich, die Niederlande und England von Religionskriegen erschüttert. Nachdem niemand die Oberhand gewinnen konnte, mussten die Parteien letztendlich einen Kompromiss schließen und die umkämpften Gebiete unter den konkurrierenden Konfessionen aufteilen. Nur der englische Bürgerkrieg, der auf beiden Seiten von Protestanten ausgetragen wurde, hatte ein anderes Ergebnis. Der Westfälische Friede von 1648, der den Dreißigjährigen Krieg beendete, kann als eindeutiges Ende des Zeitalters der Reformation auf dem europäischen Kontinent angesehen werden. In England kam dieser Zeitpunkt erst zehn Jahre später, nach der auf Bürgerkrieg folgenden Stuart-Restauration.

Teil 1

Vor der Reformation

O quam cito transit gloria mundi.

O wie schnell vergeht der Ruhm der Welt!

THOMAS VON KEMPEN

Der Aufstieg des Gelehrtentums

Zur Zeit Karls des Großen und im 10. und 11. Jahrhundert war Bildung im christlichen Europa hauptsächlich auf Dom- bzw. Kathedralschulen und Klöster beschränkt. Ein gebildeter Mönch lehrte Novizen und, wenn er einen guten Ruf hatte, auch erwachsene Mönche aus anderen Klöstern. Junge Männer aus reichen Familien wurden ebenfalls in Klöster geschickt, um dort unter Anleitung zu studieren.

Bei Anbruch des 12. Jahrhunderts hatten Kathedralschulen klösterliche Einrichtungen als zentrale Bildungseinrichtungen abgelöst. Der Domkanzler – nach dem Bischof und dem Dekan der ranghöchste Würdentrager der Domschule – unterrichtete fortgeschrittene Studenten in den Sieben Freien Künsten und der Theologie, während andere Lehrer den angehenden Gelehrten die lateinische Grammatik beibrachten. Die meisten Schüler sollten später ein geistliches Amt ausüben. Die vom Kanzler vergebene Lehrerlaubnis war die Vorstufe eines Universitätsabschlusses. Im 11. Jahrhundert befanden sich die führenden Domschulen Europas in Laon, Paris, Chartres und Köln. Der an den Schulen stattfindende Diskurs, angetrieben von den philosophischen Wurzeln der Antike, der Bibel und den Schriften der Kirchenväter, brachte neues Leben in die intellektuelle Atmosphäre Europas.

Die ersten Universitäten

Aus den Domschulen entstanden die ersten Universitäten. Der Begriff *universitas* bezeichnete einen Zusammenschluss von Lehrern oder Gelehrten. Eine Stadt, in der sich eine bekannte Kathedrale befand, hatte die Möglichkeit, sich zu einem Zentrum für verschiedene Schulen zu entwickeln. Es begann damit, dass Gelehrte Räumlichkeiten mieteten und Studenten dafür bezahlten, an den Vorlesungen teilzunehmen. Die ersten Universitäten erhielten ihre Anerkennungsurkunde noch vom Papst; die später gegründeten beantragten diese bei säkularen Herrschern.

Die sukzessive Entwicklung des Universitätswesens macht es schwer, präzise zu bestimmen, welche Standorte zuerst gegründet wurden, jedoch lassen sich Bologna, Paris, Salerno, Oxford, Cambridge, Montpellier, Padua, Salamanca und Toulouse dazuzählen. Unterrichtet wurden die „Sieben Freien Künste" – ein spätrömischer Lehrplan, der aus den Fächern Grammatik, Logik, Rhetorik, Arithmetik, Geometrie, Astronomie und Musik bestand. Für den ersten Studienabschluss waren vor allem Logik und Philosophie wichtig. An studienfortsetzenden Fakultäten wurde dann Medizin, Jura und Theologie gelehrt.

Im Vergleich zu heutigen Universitäten waren die mittelalterlichen mit 3.000–4.000 Studenten verhältnismäßg klein. In Paris konnte ein Junge das Studium im Alter von zwölf Jahren aufnehmen, jedoch wurde das Privileg, Theologie zu unterrichten, einem Mann erst im Alter von 35 Jahren gestattet (es gab noch keine weiblichen Studenten). Da sowohl Franziskaner als auch Dominikaner Paris als ihren Hauptausbildungsstandort gewählt hatten, war die Stadt einer der wichtigsten Bildungsorte ihrer Zeit. Wichtige Gelehrte waren: Anselm von Canterbury, Petrus Abaelardus, Petrus Lombardus, Albertus Magnus, Thomas von Aquino, Johannes Duns Scotus, Wilhelm von Occam. Ihr Erbe war die Scholastik, der Versuch, augustinische Theologie mit der Philosophie klassischer griechischer Denker zu vereinbaren, vor allem der des Aristoteles. Die Zusammenführung von katholischer Dogmatik und logischer Argumentationsweise war wiederum der Verdienst des Thomas von Aquino, dessen Werk *Summa Theologiae* den Grundstein für die katholische Theologie der Zukunft legte. Trotzdem befanden sich einige seiner Lehrwerke auf der Liste der Irrlehren der Pariser Verurteilungen von 1277.

DIE ERSTEN EUROPÄISCHEN UNIVERSITÄTEN: 1160–1600 Karte 1

Die Waldenser

Um 1175 entschied sich ein Kaufmann aus Lyon, Peter Waldo (auch: Petrus Waldus, ca. 1140 – ca. 1218) dazu, seinen Reichtum wegzugeben und ein Leben in Armut und im Predigtdienst zu führen. Er ließ eine landessprachliche Übersetzung des lateinischen Neuen und Teilen des Alten Testaments anfertigen und gewann viele Anhänger. Jedoch weniger als zehn Jahre später war diese Volksbewegung der Ketzerei für schuldig befunden worden.

Valdes' Anhänger, die sog. „Waldenser“, flohen aus Lyon und organisierten sich in der Lombardei und der Provence neu. Gegen Ende des 13. Jahrhunderts hatten sie sich mit Ausnahme von Großbritannien in großen Teilen Europas ausgebreitet – trotz Verfolgung durch eine neu erstarkte Inquisition, die zu diesem Zweck gegründet wurde.

Der größte Vorwurf an die Waldenser lag darin, dass sie die Kirche ablehnten, in der die Bewegung doch ihren Anfang genommen hatte. Die Punkte, die ihnen zudem den Vorwurf der Ketzerei einbrachten, waren unerlaubtes Predigen der Bibel und die Zurückweisung der vermittelnden Rolle des Klerus zwischen Gott und Mensch.

Um 1400 wurden die Waldenser in ihren Hauptausbreitungsgebieten – Böhmen, Mähren, Brandenburg, Pommern und Österreich – breitflächig von der Inquisition verfolgt. In Frankreich hielt die Verfolgung bis zum Ende des Mittelalters an. In Italien suchten die Waldenser Zuflucht in Piedmont, wo sie 1488 angegriffen wurden.

Während des 15. Jahrhunderts waren sie nach wie vor aktiv. Sie standen in intellektellem Austausch mit den Hussiten und waren beteiligt an der angespannten Atmosphäre, die im 16. Jahrhundert die großen religiösen Veränderungen auslösen sollte.

AUSBREITUNG DER WALDENSER

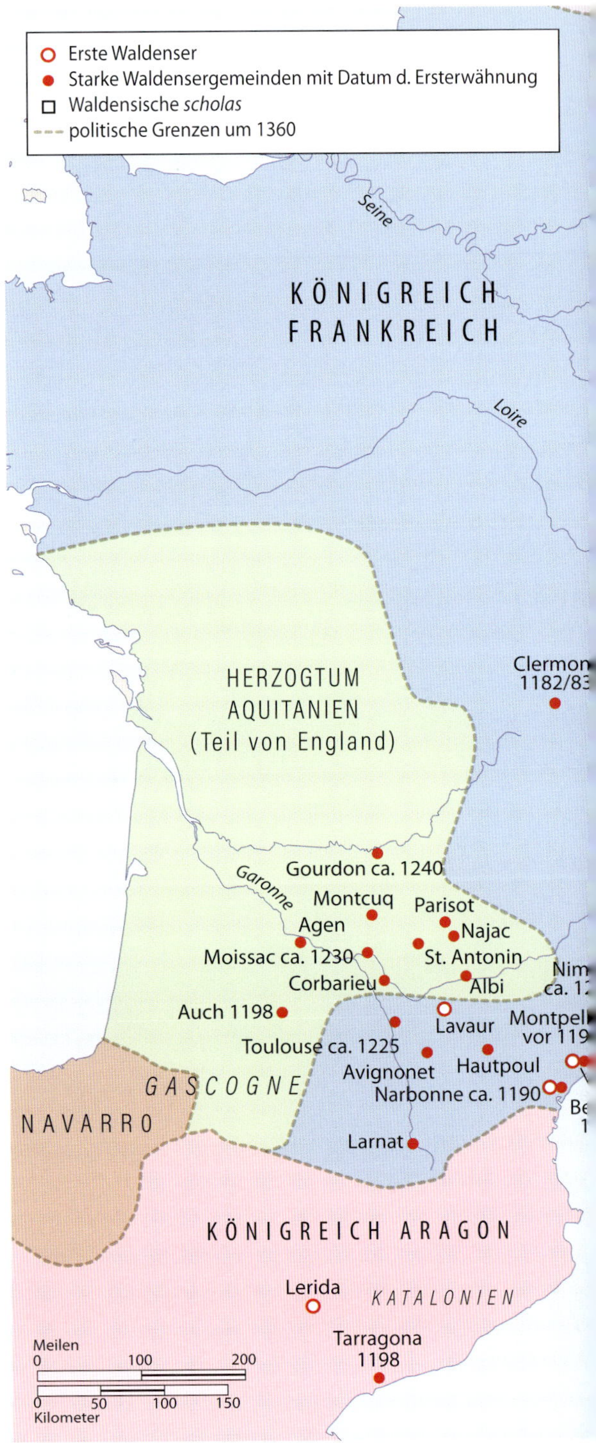

Mainz 1233
Main
Mosel
Metz 1200
Rhein
Toul
Straßburg 1212
Jonvelle 1218
Besançon 1248
Regensburg ca. 1262
Donau
Drosendorf
Nalb
Lengenfeld
Langenlois
Pupping
Stratzing
St. Oswald
Anzbach
Neuhofen
Ybbs
St. Christophen
Steyr
Kammer
St. Peter
Ollersbach
HEILIGES RÖMISCHES REICH
Inn
BURGUND
Rhone
SCHWEIZER EIDGENOSSENSCHAFT
Dongo
Bergamo 1218
Legnano
Mailand vor 1206
Wien 1198
Rhone
Valence ca. 1235
Turin 1210
Pinerolo
Pavia
Ronco
Piacenza 1192/97
Po
Verona 1199
Cerea vor 1203
REPUBLIK VENEDIG
Gruaro
KÖNIGREICH UNGARN
Embrun 1198
Bollène
Orange
Sisteron
Carpentras
Avignon
PROVENCE
Arles 1198
Aix 1198
REPUBLIK GENUA
Genua
Modena
Faenza 1206
Florenz 1206
REPUBLIK FLORENZ
KIRCHENSTAAT
FÜRSTENTUM SERBIEN
ADRIA
REPUBLIK GENUA
Tiber
Rom 1179
KÖNIGREICH NEAPEL
MITTELMEER

Die *Devotio Moderna*

Ein wichtiger Wegbereiter für die Reformation war die Entstehung und Ausbreitung der nordeuropäischen Glaubensbewegung *Devotio Moderna* („moderne Frömmigkeit"). Diese Frömmigkeitsbewegung nahm ihren Anfang in der katholischen Kirche des späten 14. Jahrhunderts und legte inhaltlich viel Wert auf persönliches Gebet und soziale Verantwortung, vor allem im Bereich der Bildung.

Der aus dem niederländischen Deventer stammende Geert Groote (1340–84) machte 1374 eine tiefgreifende religiöse Erfahrung und entschloss sich dazu, sein Leben einer praktisch gesinnten Frömmigkeit zu widmen. In seinem Haus in Deventer versammelte er eine Gruppe armer Frauen, die fortan gemeinschaftlich zusammenlebte, jedoch ohne die Ordensgelübde eines Konvents.

Zwei Freunde von Groote riefen ebenfalls eine Bewegung ins Leben: Jan van Ruysbroeck (1293–1381), ein flämischer Mystiker, und Florens Radewijns (ca. 1350–1400), ein ordinierter Priester, der in Prag studiert hatte und ein außerordentliches Organisationstalent besaß, gründeten zusammen eine klosterähnliche Gemeinschaft, die sowohl Laien als auch Priester umfasste. Bekannt wurden sie unter dem Namen Brüder des gemeinsamen Lebens (lat: *Fratres Vitae Communis*). Ihre Hauptregeln waren die Einhaltung von Armut, Keuschheit und Gehorsam, jedoch war dies nicht mit einem Gelübde besiegelt. Jedem Mitglied stand es frei, die Bruderschaft zu verlassen und wieder ein säkulares Leben zu führen.

Nachdem Groote an der Pest verstorben war, übernahm Florens Radewijns die Führung der Bewegung. 1387 gründete er das einflussreichste der Bruderschaftshäuser in Windesheim bei Zwolle. In diesem Kloster lebten die Brüder nach der Augustinerregel, was 1395 von Papst Bonifatius IX. abgesegnet wurde. Einige Jahre später schlossen sie sich mit anderen Klöstern in den Niederlanden zur Windesheimer Kongregation zusammen.

Die Ordensbrüder widmeten sich der Bildung und der geistlichen Disziplin, womit sie sich gleichzeitig der Welt entzogen. Um ihre Gemeinschaft finanziell aufrechtzuerhalten, unterhielten sie anfangs Schreibstuben, in denen sie Manuskripte kopierten, Bücher banden und verkauften. Mit dem Aufkommen des Buchdrucks unterhielten die Brüder später auch eine eigene Druckerpresse.

Mit der Zeit erhielt die Bewegung immer mehr Zulauf und gründete im Lauf des 15. Jahrhunderts Ableger in Deutschland und der Schweiz. Viele der Brüder und der von ihnen ausgebildeten Denker beeinflussten die christliche Welt ihrer Zeit maßgeblich. Darunter etwa der Philosoph und Theologe Nikolaus von Kues, Erasmus von Rotterdam, der als „der letzte deutsche Scholastiker" bekannte Philosoph Gabriel Biel und Rudolf Agricola.

In der *Devotio Moderna* fanden die besten Elemente der Scholastik und des Humanismus zueinander. Der repräsentativste Stellvertreter der Bewegung und ihrer Werte war wohl Thomas Hemerken, besser bekannt als Thomas von Kempen, der Autor des beliebtesten Andachtswerks des Mittelalters, der *De Imitatione Christi* („Die Nachfolge Christi").

AUSBREITUNG DER ORDENSGEMEINSCHAFT „BRÜDER VOM GEMEINSAMEN LEBEN“ Karte 3

Krise des Papsttums

Das 13. Jahrhundert endete mit einer nie zuvor dagewesenen Kontroverse: der Wahl und anschließenden Abdankung eines Papstes. Papst Coelestin V. dankt 1294 im Jahr seiner Wahl ab und überschattete damit das Pontifikat seines Nachfolgers, Bonifatius VIII., mit Unsicherheit. Schon bald darauf gerieten die Interessen von Päpsten und Königen in Konflikt und lösten würdelose, bis zum Ende des Mittelalters anhaltende Rangeleien aus.

Die 1296 von Bonifatius verfasste Bulle *Clericis laicos* beschnitt den königlichen Einfluss auf die Besteuerung des landeseigenen Klerus, während die Bulle *Unam sanctum* (1302) ein neues Extrem päpstlicher Forderungen darstellte. Philipp der Schöne von Frankreich griff den Papst in Anagni an. Dieser floh nach Rom, wo er jedoch kurze Zeit später verstarb. Die politisch instabile Lage in Italien und dem Kirchenstaat sorgte dafür, dass Rom als Pontifikatssitz unhaltbar wurde.

Unter anhaltendem politisch-militärischen Druck durch Frankreich wurde der Erzbischof von Bordeaux zum Papst gewählt. Der aus der Gascogne stammende Klemens V. trat sein Amt nicht in Rom an, sondern wählte das südfranzösische Avignon als Amtssitz. Er war der erste Papst, der das „Babylonische Exil der Kirche" antrat. Für den Großteil des 14. Jahrhunderts residierte kein Papst in Rom. Diese Trennung des Oberhaupts der westlichen Christenheit von seiner heiligen Stadt war ein großer Skandal und sorgte für Unruhe.

Über die Jahre stieg der Druck auf das Papsttum, nach Rom zurückzukehren. Papst Urban V. (1362–70), kehrte 1367 zwar kurzfristig nach Rom zurück, ernannte dann aber mehrere französische Kardinäle und reiste 1370 wieder nach Avignon. Erst unter Gregor XI. (1370–78) verließ das Pontifikat Avignon um 1376 und kehrte 1377 endlich und endgültig in die Arme der Ewigen Stadt zurück.

Das Große Schisma

Nach dem Tod Gregors XI. verlangte das wütende Volk nach einem italienischen Papst. Die Kardinäle wählten daraufhin Urban VI. (1378–89). Da dieser jedoch schon bald machthaberische Züge offenbarte, wählten einige Kardinale einen anderen Papst, Clemens VII. (1378–94), mit der Begründung, dass sich Urban bei seiner Wahl unziemlich verhalten habe. Nach bewaffneten Konflikten zwischen den Streitkräften der beiden Päpste zog sich Clemens 1381 zurück nach Avignon. Dies war der Beginn einer großen Spaltung in der Führungsebene der Kirche mit weitreichenden Folgen für Politik und Religion: Italien, das Heilige Römische Reich, Skandinavien, Ungarn und England unterstützten Urban, während Frankreich, Spanien und Schottland auf Clemens' Seite waren. Dieser Konflikt blieb auch nach Clemens' Tod bestehen. Die zeitgleich stattfindenden Papstwahlen in Rom und Avignon dauerten noch bis ins nächste Jahrhundert an.

Mit der Zeit begannen die rivalisierenden Kardinalskollegien in Rom und Avignon über Wege zu diskutieren, wie die Spaltung beendet werden könnte. Da keiner der Päpste nachgeben wollte, wurde 1409 das Konzil von Pisa einberufen. Beide Päpste weigerten sich jedoch teilzunehmen, woraufhin die Kardinäle sie absetzten und Alexander V. (1409–10) zum Papst erklärten. Dies hatte zur Folge, dass es nun drei Päpste gab. Erst durch das Konzil von Konstanz (1414–18) konnte die Kluft endlich überbrückt und mit Martin V. ein von allen Seiten als einzig und rechtmäßig anerkannter Papst gefunden werden.

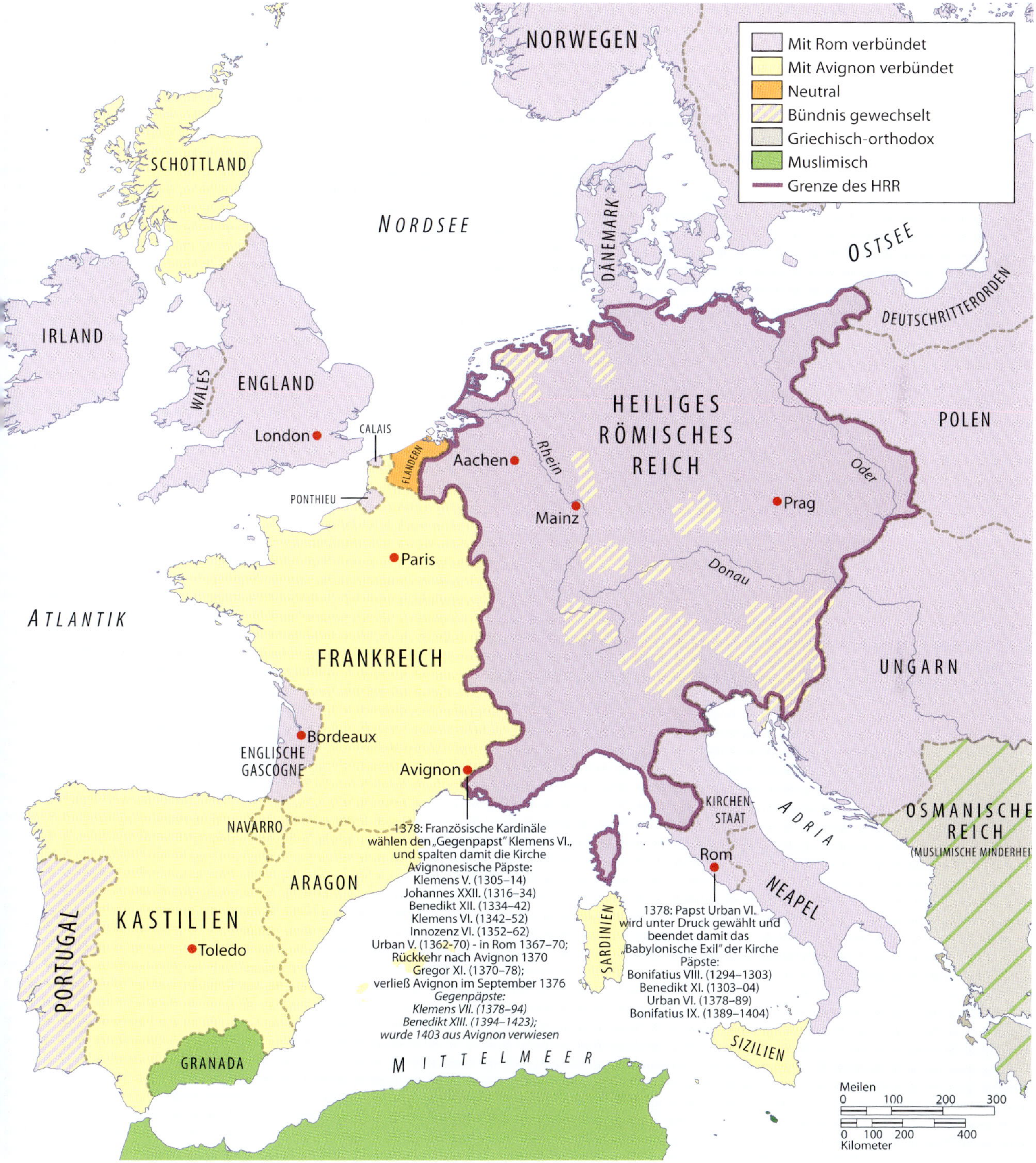
Mit Rom verbündet
Mit Avignon verbündet
Neutral
Bündnis gewechselt
Griechisch-orthodox
Muslimisch
Grenze des HRR
NORWEGEN
SCHOTTLAND
NORDSEE
DÄNEMARK
OSTSEE
DEUTSCHRITTERORDEN
IRLAND
WALES
ENGLAND
London
CALAIS
FLANDERN
Aachen
Rhein
HEILIGES RÖMISCHES REICH
POLEN
Oder
PONTHIEU
Prag
Mainz
Paris
Donau
ATLANTIK
FRANKREICH
UNGARN
Bordeaux
ENGLISCHE GASCOGNE
Avignon
KIRCHEN-STAAT
ADRIA
OSMANISCHE REICH
(MUSLIMISCHE MINDERHEI
NAVARRO
1378: Französische Kardinäle wählen den „Gegenpapst" Klemens VI., und spalten damit die Kirche
Avignonesische Päpste:
Klemens V. (1305–14)
Johannes XXII. (1316–34)
Benedikt XII. (1334–42)
Klemens VI. (1342–52)
Innozenz VI. (1352–62)
Urban V. (1362–70) - in Rom 1367–70; Rückkehr nach Avignon 1370
Gregor XI. (1370–78); verließ Avignon im September 1376
Gegenpäpste:
Klemens VII. (1378–94)
Benedikt XIII. (1394–1423); wurde 1403 aus Avignon verwiesen
Rom
ARAGON
NEAPEL
KASTILIEN
Toledo
PORTUGAL
SARDINIEN
1378: Papst Urban VI. wird unter Druck gewählt und beendet damit das „Babylonische Exil" der Kirche
Päpste:
Bonifatius VIII. (1294–1303)
Benedikt XI. (1303–04)
Urban VI. (1378–89)
Bonifatius IX. (1389–1404)
SIZILIEN
GRANADA
MITTELMEER
Meilen
0 100 200 300
0 100 200 400
Kilometer

Wyclif und die Lollarden

John Wyclif (ca. 1320–84) war einer der führenden Philosophen der Oxforder Universität. Er unterstützte das Recht des Staats, den Besitz korrupter Geistlicher zu pfänden, und machte diese Meinung auch publik, womit er sich die Kirche zum Feind machte: 1377 verurteilte der Papst öffentlich Wyclifs Ansichten. Da er jedoch den Schutz einflussreicher Freunde genoss, konnte er seine antiklerikalen Ansichten weiterverbreiten. Er kritisierte zentrale Dogmen der Kirche, allen voran die Transsubstantiation.

Kein Mensch ist so unbelehrbar, dass er nicht die Worte des Evangeliums lernen könnte.

Wyclifs charismatischer und lebhafter Predigtstil zog viele Menschen an, die sich in Oxford um ihn herum zu einer festen Gruppe von Anhängern formierten. Da sich jedoch viele einflussreiche Freunde langsam von ihm abwandten, konnte die Kirche ihn aus Oxford verbannen. 1382 zog er schwer erkrankt nach Luttersworth in den englischen Midlands, wo er mit Hilfe von Nicholas Hereford eine landessprachliche Bibelübersetzung ins Leben rief, die *Wyclif-Bibel.* Seine Anhängerschaft wurde immer größer und umfasste bald auch Leicestershire. Man nannte sie abschätzig „Lollarden", ein Begriff, dessen Bedeutung nicht geklärt ist, jedoch „Murmler" bedeutet haben könnte. 1395 hatten sich die Lollarden zu einer organisierten Gruppe entwickelt, die ihre eigenen Priester hatte und Unterstützung beim Volk genoss. Sie vertraten viele der von Wyclif formulierten Ideale und glaubten, dass die Bibel für alle in ihrer eigenen Sprache verfügbar sein sollte und dass die Hauptaufgabe eines Priesters das Predigen sei.

Im 15. Jahrhundert begann die Unterdrückung der Lollarden, vor allem wenn ihr Protest Hand in Hand mit politischen Unruhen ging.

Zusammen mit Jan Hus kann Wyclif als ein Vorläufer der Reformation betrachtet werden.

AUSBREITUNG DER LOLLARDEN

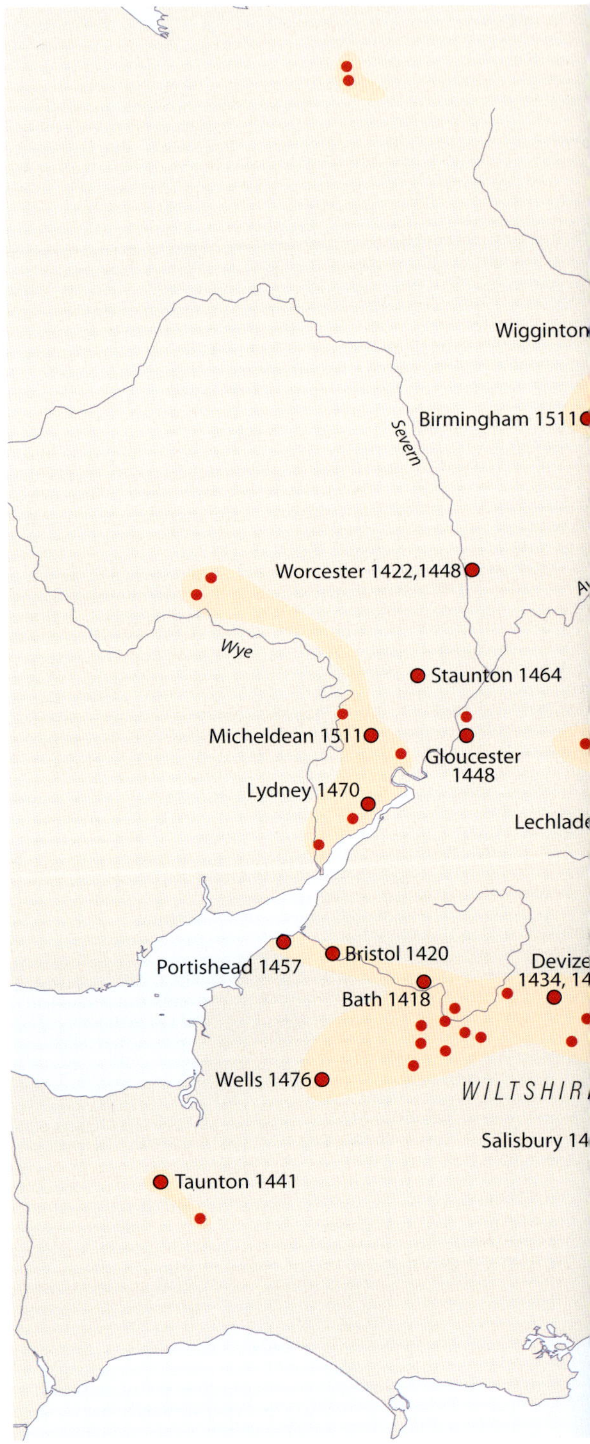

Karte 5

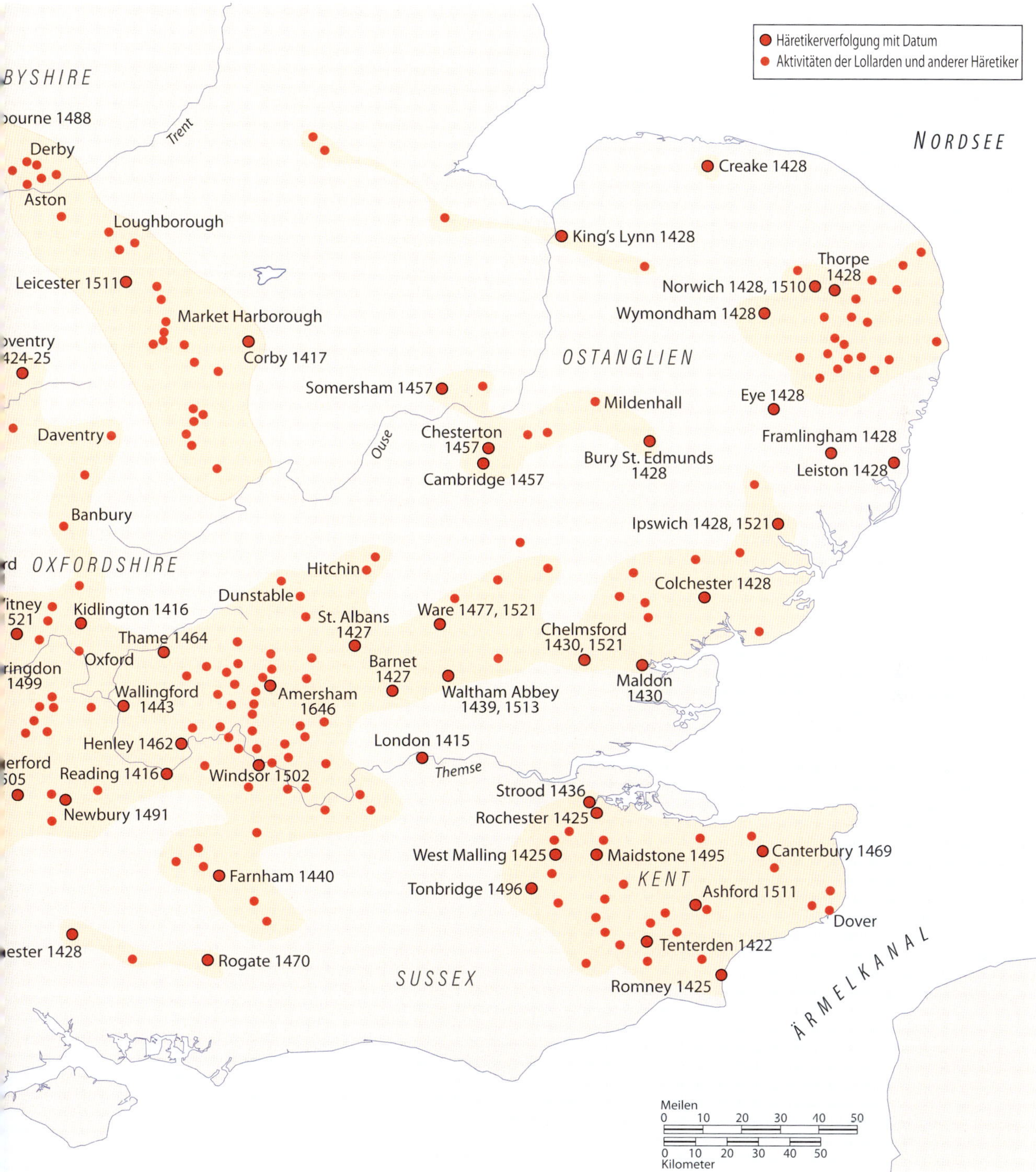
Häretikerverfolgung mit Datum
Aktivitäten der Lollarden und anderer Häretiker
BYSHIRE
ɔourne 1488
Derby
Aston
Trent
Loughborough
Leicester 1511
Market Harborough
ɔventry
424-25
Corby 1417
Daventry
Banbury
OXFORDSHIRE
Hitchin
Dunstable
Kidlington 1416
itney
521
Thame 1464
Oxford
ringdon
1499
Wallingford
1443
Henley 1462
erford
505
Reading 1416
Newbury 1491
Windsor 1502
Amersham
1646
St. Albans
1427
Barnet
1427
Farnham 1440
ester 1428
Rogate 1470
NORDSEE
Creake 1428
King's Lynn 1428
Thorpe
1428
Norwich 1428, 1510
Wymondham 1428
OSTANGLIEN
Somersham 1457
Mildenhall
Eye 1428
Ouse
Chesterton
1457
Cambridge 1457
Bury St. Edmunds
1428
Framlingham 1428
Leiston 1428
Ipswich 1428, 1521
Colchester 1428
Ware 1477, 1521
Chelmsford
1430, 1521
Maldon
1430
Waltham Abbey
1439, 1513
London 1415
Themse
Strood 1436
Rochester 1425
West Malling 1425
Maidstone 1495
Canterbury 1469
Tonbridge 1496
KENT
Ashford 1511
Dover
Tenterden 1422
Romney 1425
SUSSEX
ÄRMELKANAL
Meilen
0 10 20 30 40 50
0 10 20 30 40 50
Kilometer

Jan Hus und die Hussiten

Die Hochzeit von Richard II. von England und Anne von Böhmen im Jahre 1382 verband die beiden Länder und hatte auch zur Folge, dass einige von Wyclifs Lehren Einzug in Böhmen hielten. Wyclifs Kirchenkritik fand bei dem mit der Kirche unzufriedenen Jan Hus, der an der Karls-Universität in Prag lehrte, und anderen tschechischen Kirchenvertretern schnell Anklang. In seinen Predigten in der Prager Bethlehemskapelle griff Hus das Thema Kirchenreform immer wieder auf, was ihn in der ganzen Stadt und beim tschechischen Adel äußert beliebt machte. Seine Aussagen fügten sich nahtlos in das Bestreben nach einer eigenständigen tschechischen Identität in Abgrenzung von dem deutschsprachigen Teil der böhmischen Kirche und Nation ein.

1414 wurde Hus vor das Konzil in Konstanz bestellt, um sich dort zu erklären. Trotz des Sicherheitsversprechens des römisch-deutschen Kaisers wurde er dort zum Tode verurteilt und auf dem Scheiterhaufen verbrannt. Böhmen war in Aufruhr. Innerhalb von fünf Jahren hatten die tschechischen Rebellen eine hussitische, von Rom unabhängige, Kirche ins Leben gerufen. Bald schon begannen die radikaleren Zweige der Rebellion, auch säkulare Machtstrukturen anzugreifen. Die Folge waren blutige Bürgerkriege, die die umliegenden Staaten immer wieder versuchten niederzuschlagen. Der Papst rief fünfmal erfolglos zu Kreuzzügen gegen die Hussiten auf, womit sie sich nach Österreich, die Slowakei, Schlesien, Bayern und sogar ins Baltikum ausbreiten konnten.

Aus alledem entstand eine unabhängige, teilweise anerkannte hussitische Kirche, deren offizielle Gottesdienstsprache Tschechisch wurde. Beim Abendmahl wurde zudem Brot und Wein für alle dargereicht. Aus dieser Forderung nach dem Abendmahl „in beiderlei Gestalt“ (lat. *sub utraque species*) leitete sich die Bezeichnung für diesen Flügel der hussitischen Kirche ab: Utraquisten.

1457 spalteten sich radikalere Hussiten, die Böhmischen Brüder (*Unitas Fratrum*), von den Utraquisten ab. In Berufung auf das Neue Testament und die Schriften des südböhmischen Schriftstellers Petr Chelčický lehnten sie jedwede Form von Gewalt ab, von politischer Unterdrückung über die Todesstrafe hin zum Militärdienst. Sie waren überzeugt von der Priesterschaft aller Gläubigen, legten keine Eide vor irdischen Machthabern ab und wiesen den Gedanken der Transsubstantiation entschieden zurück.

Jan Hus (ca. 1369–1415),
tschechischer Vorreformator und Märtyrer

Böhmen
Ungarn
Gebiet der Hussiten
Grenze HRR
Vorstöße der Hussiten
Entscheidende Schlachten
DÄNEMARK
OSTSEE
Danzig
STAAT DES DEUTSCHEN ORDENS
POMMERN
BRANDENBURG
Elbe
Oder
Berlin
Poznan
Varta
POLEN
Wista
gdeburg
LAUSITZ
Torgau
Meißen
Dresden
SACHSEN
SCHLESIEN
Oder
Schlacht bei Aussig 1426
Schlacht am Veitsberg 1420
Hradec Králové (Königgrätz)
Krakau
Prag
Kutná Hora
Schlacht bei Lipan 1434
Plzen(Pilsen)
Olomouc (Olmütz)
Schlacht bei Tachau 1427
rnberg
Schlacht bei Taus 1431
BÖHMEN
Tabor
MÄHREN
Brno (Brünn)
Trencín
České Budějovice (Budweis)
Regensburg
Donau
Passau
BAYERN
Kremnica (Kremnitz)
Kosice
Trnava (Tyrnau)
Banská Stiavnica (Schebnitz)
Donau
Wien
Bratislava
UNGARN
ÖSTERREICH
Esztergom (Gran)
Buda
Meilen
0
50
100
0
50
100
150
Kilometer

Der Vormarsch des Buchdrucks

Der Erfindung der Druckerpresse – gelegentlich auch der bedeutendste Beitrag Deutschlands zur Renaissance genannt – hauchte dem Gelehrtentum und der Bildung neues Leben ein. Alles begann, als Johannes Gutenberg (ca. 1398–1468) 1445 in Mainz anfing, mit beweglichen Lettern zu experimentieren. Das erste auf diese Weise gedruckte Buch war die Bibel (1456).

Bis 1462 blieb der Buchdruck ein Geschäftsgeheimnis in Mainz, jedoch wurde die Stadt im selben Jahr geplündert und die Druckermeister flohen. Innerhalb von 20 Jahren hatten einige Städte ihre eigenen Druckerpressen errichtet: Rom (1467), Paris (1470), Krakau (1474) und Westminster (1476). Als Luther 1483 geboren wurde, war der Buchdruck bereits weitverbreitet.

Die Druckerpresse spielte eine wichtige Rolle im Anfangsstadium der Reformation. Die Schriften der ersten deutschen Reformatoren, Luther und Melanchthon, gelangten in gedruckter Form schnell in die Hände einer interessierten Öffentlichkeit. Binnen Wochen wurden sie in Paris und Rom gelesen. Schon vor der Reformation hatte der Buchdruck dafür gesorgt, dass es ein größeres, belesenes und kritisch denkendes Publikum gab. Zudem deckten sie den Bedarf an immer neuem Lesematerial. So etwa stellten sich die religiösen Satireschriften als ein großer finanzieller Erfolg heraus.

Die Erfindung des Buchdrucks ermöglichte es auch, dass die Bibel umfassender verbreitet werden konnte. Aus dieser Möglichkeit entstand der Wunsch der Reformatoren, das Wort Gottes den Menschen in ihrer eigenen Sprache zur Verfügung zu stellen. Zu einer Zeit, in der es höchst ungewöhnlich war, etwas in der Landessprache zu verfassen, leisteten Werke wie die Luther-Bibel einen wichtigen Beitrag zur Entwicklung der europäischen Sprachen.

Wichtige Zentren des Buchdrucks im 15. Jh. mit Datum des ersten bekannten Drucks
Andere Druckzentren des 15. Jh.
Politische Grenzen um1490
Meilen
0 100 200 300
0 100 200 300 400
Kilometer
NORWEGEN
SCHWEDEN
Stockholm 1483
OSTSEE
DÄNEMARK
Ottensee 1482
Kopenhagen 1493
Harlem 1483
Lübeck 1474
Danzig 1499
Hamburg 1488
Elbe
Deventer 1477
HEILIGES RÖMISCHES REICH
Oder
POLEN
Utrecht 1473
Gouda 1477
Antwerpen 1481
Köln 1465
Louvain 1473-4
Leipzig 1480
Breslau 1475
Frankfurt 1478
Bamberg 1457
Kuttenberg 1489
Krakau 1473
Mainz 1452-3
Nürnberg1469
Pilsen1475
Brno 1486
Straßburg 1460
Rhein
Augsburg 1468
Wien 1482
München1482
Basel 1462
Memmingen 1478
Donau
Buda 1473
Zürich1479
UNGARN
VENEDIG
Genf 1478
Mailand1470
Venedig 1469
Bologna 1471
Florenz 1471
KIRCHEN-STAAT
OSMANISCHES REICH
SCHWARZES MEER
Subiaco 1465
Rom 1467
NEAPEL
Konstantinopel 1488
Neapel 1470
MITTELMEER

Die italienische Renaissance

Renaissance beschreibt die Wiederbelebung klassisch griechisch-römischer Werte in Kunst, Politik und Philosophie. Sie begann in Italien und breitete sich von dort über ganz Westeuropa aus. Ihr Ursprung findet sich in der Wiederentdeckung klassisch-antiken Gelehrtentums durch die Humanisten. Ein Humanist war ursprünglich jemand, der lateinische Grammatik unterrichtete. Der Begriff wurde später verwendet, um eine Person zu beschreiben, die klassische Werke nicht nur las, sondern ihr Leben auch nach deren Wertvorstellungen gestaltete. Die meisten frühen Humanisten bekannten sich zum Christentum, obwohl sie sich auch intensiv mit vorchristlichen Autoren wie Cicero und Plato beschäftigten.

Die Heimat des Humanismus war Italien und der erste bekannte Humanist Lovato Lovati (1241–1309), der klassisch-lateinische Werke nicht nur las, sondern auch als Lebensmodell verstand. Mit dem Fund vergessener Schriften in einer Klosterbibliothek in Pomposa löste er eine Suche nach versteckten Schätzen der Antike aus, die ein charakteristisches Merkmal des Humanismus werden sollte.

Mit den Werken des Francesco Petrarca (auch „Petrarch" genannt, 1304–74), die einen enormen Einfluss auf die europäische Literatur ausübten, wurde der Humanismus erwachsen. Er kritisierte den aristotelischen Rahmen, in den das Christentum vom mittelalterlichen Gelehrtentum gefasst worden war, und sorgte damit für Spannungen zwischen den Anhängern dieser alten Weltsicht der Scholastik und der des neuen Humanismus.

Petrarcas Ideal, das er seinen Nachfolgern hinterließ, war eine Welt, in der die klassischen Werte wieder wichtig und in den Rahmen einer wiederhergestellten Christenheit gebunden waren.

Das Italien des späten 15. und frühen 16. Jahrhunderts bestand aus vielen kleinen Einzelstaaten, die sich regelmäßig bekriegten. Doch blühten auch Handel und Bankenwesen auf. Die unterschiedlichen Städte und Staaten warben um beliebte Künstler und deren prestigebringende Dienste. Um diese Künstler und die immer ausgefeilteren Bauvorhaben zur Verschönerung des Stadtbilds finanzieren zu können, mussten sich die Städte zum Teil an die großen Handelsfamilien wenden, wie etwa die Medicis in Florenz (eines der frühen Epizentren der Renaissance), die Sforzas aus Mailand oder die Estes aus Ferrara.

Die Päpste der späten Renaissance-Epoche, Julius II. (Amtszeit: 1503–13), Leo X. (aus der Medici-Familie; Amt: 1513–21) und Clemens VII. (ebenfalls ein Medici, Amt: 1523–34), waren allesamt große Förderer von Kunst, Architektur und Literatur – wovon Rom stark profitierte.

Ein weiteres Zentrum der Renaissance in den Bereichen Kunst und Architektur war das wirtschaftlich starke Venedig.

Die Epoche sah auch einen starken Zuwachs der Naturwissenschaften: Die Medizin gewann an Bedeutung; durch das Studium des Körpers konnten einige Geheimnisse der Anatomie gelüftet werden. Auch die Anzahl an wohltätigen Krankenhäusern nahm zu. Zwar war die Astrologie immer noch eine dominante Disziplin, aber auch das Studium der Astronomie wurde bedeutender. Einige Vorreiter in ihren jeweiligen Bereichen waren Paolo dal Pozzo Toscanelli (1397–1482), Luca Pacioli (1445–1517) und Leonardo da Vinci (1452–1519).

ZENTREN DER RENAISSANCE Karte 8

Die Renaissance in Nordeuropa

Mit der Zeit breitete sich die Renaissance weiter aus und es dauerte nicht lange, bis es auch in Frankreich, Deutschland, den Niederlanden und England (ca. 1500–1600) sowie Spanien und Portugal Humanisten gab. Durch den Einmarsch Frankreichs in Italien und die Möglichkeit, mit der gerade neu erfundenen Druckerpresse Informationen schnell und präzise zu verbreiten, fanden die Ideen der italienischen Renaissance ihren Weg nach Nordeuropa, das durch seine Distanz zu den Handels- und Kulturzentren des Mittelmeers mit diesem Gedanken bisher kaum in Berührung gekommen war. Ein Faktor, der zudem den Widerstand gegenüber den fortschrittlichen Ideen der Bewegung verringerte, waren das Städtewachstum und die Entstehung landeseigener Monarchien in Frankreich, England, Spanien und Portugal.

Zu den herausragenden Humanisten Frankreichs gehörten unter anderem Jacques Lefèvre d'Étaples (Faber Stapulensis, ca. 1455–1536) und Guillaume Budé (1467–1540). Führende Denker in Deutschland waren Nicolaus Cusanus (1401–64) sowie Johannes Reuchlin (1455–1522), Verfasser des Werks *De rudimentis Hebraicis* (1506), der als einer der Ersten das Studium der hebräischen Sprache in Westeuropa etablierte.

Der Niederländer Erasmus von Rotterdam (1466–1536) war einer der bekanntesten Humanisten seiner Zeit. Nicht umsonst wetteiferten Könige und Prinzen in ganz Europa um seine Dienste. Sein *Lob der Torheit,* eine beißende Satire über die Missstände in Gesellschaft und Kirche, steigerte die Beliebtheit des Humanismus. Erasmus selbst blieb ein tiefgläubiger Christ, meinte jedoch, dass es die innere Einstellung eines jeden Einzelnen war, auf die es ankam, und nicht beeindruckende Gesten der Frömmigkeit oder bedeutungsleere Rituale.

In England brachte die Bewegung ebenfalls bedeutende Humanisten hervor: John Colet (1467–1519), Dekan der St. Paul's Cathedral, dessen Vorlesungen in Oxford bahnbrechend waren, oder Sir Thomas Morus (1478–1535; Verfasser von *Utopia*), der sich für das Studium der antiken Kultur starkmachte, in der Überzeugung, dass dieses Wissen zusammen mit dem Erforschen der Natur der Weg zur Erforschung des Übernatürlichen sei.

Kunst

Die nordeuropäische Renaissance war insgesamt religiöser als die italienische. Dies spiegelt sich in der Kunst dieser Epoche wider, in der man wesentlich seltener säkulare oder mythologische Motive fand. Einer der bekanntesten Künstler war Albrecht Dürer (1471–1528), dessen Schaffen stark von seinen italienischen Zeitgenossen und dem antiken römischen Architekten Vitruv beeinflusst war. Ebenso wie sie war Dürer auf der Suche nach der perfekten mathematischen Formel zur Darstellung menschlicher Proportionen.

Musik

Während Philosophie und bildende Kunst reichlich Material hatten, um die Antike wieder aufleben zu lassen, gab es in der Musik keinerlei Grundlage, um griechische oder römische Musik neu zu entdecken. Stattdessen mussten die Komponisten der Renaissance kreativ werden. Bis dato bestand Kirchenmusik hauptsächlich aus Gesang, während der Renaissance hielten jedoch allmählich Musikinstrumente Einzug in die Kirchen. Streicher, Blechbläser und kleine Ensembles begleiteten fortan die Chöre. Gedruckte Notenblätter sorgten für Einheitlichkeit in Text und Melodie und die Verbreitung der unterschiedlichen Werke. Dies wiederum hatte zur Folge, dass sich die Komponisten gegenseitig stark beeinflussten. Drei der größten Renaissance-Komponisten stammten aus Burgund: Guil-

ZENTREN DER RENAISSANCE IN NORDEUROPA — Karte 9

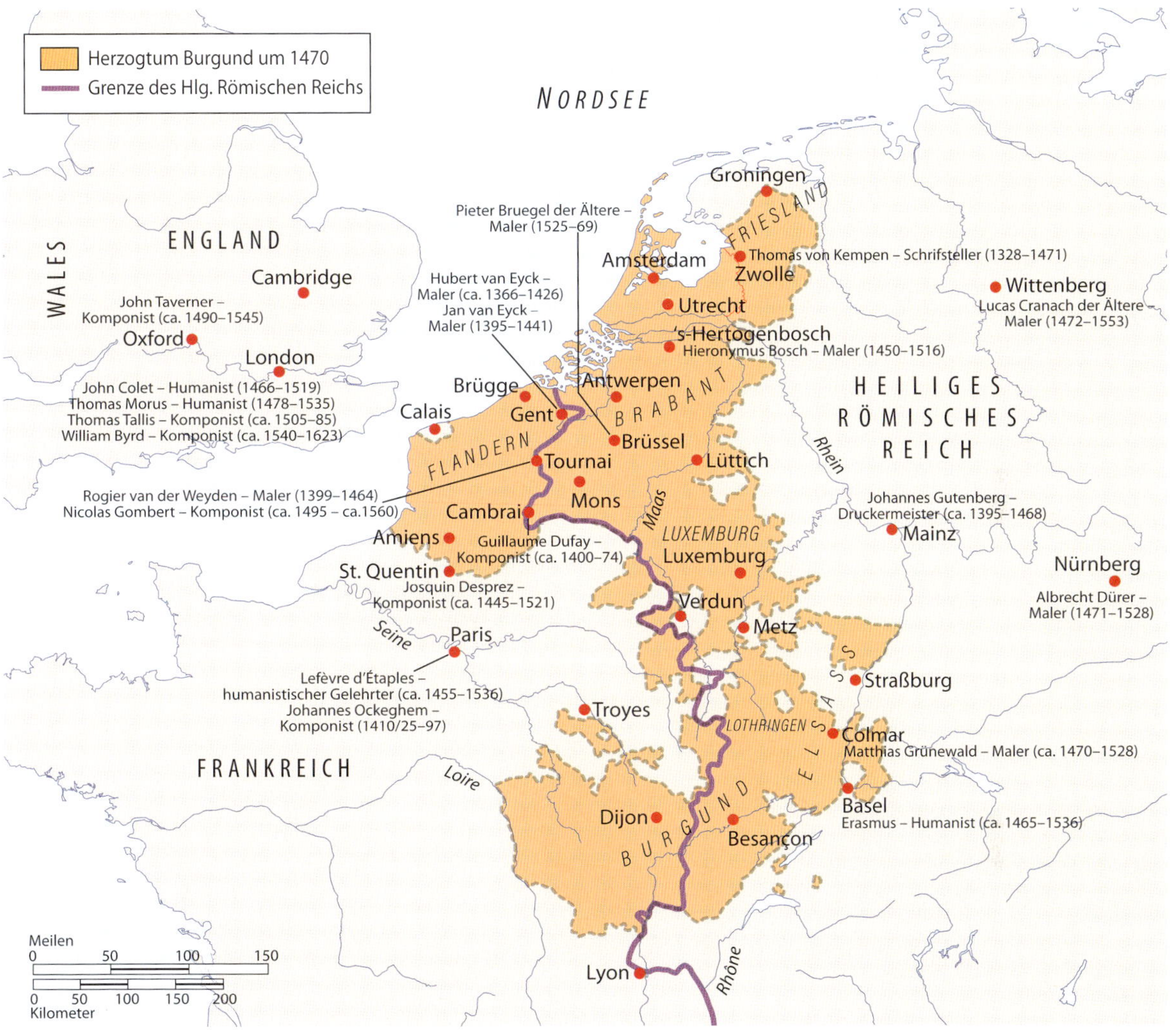

laume Dufay (ca. 1400–74), Johannes Ockeghem (ca. 1410/30–97) und Josquin Desprez (ca. 1445–1521) – der oft einfach nur „Josquin" genannt wurde und den Ruf genoss, der größte Komponist seiner Zeit zu sein. Unter den englischen Renaissance-Musikern tat sich John Taverner hervor (ca. 1490 – ca. 1548), bekannt für den Choral *Western Wynde Mass*, Thomas Tallis (ca. 1505–85), der sich im von Intrigen gesättigten England unter dem Haus Tudor behaupten musste, und William Byrd (1542/3–1623), von seinen Zeitgenossen bewundernd als der „Vater der britischen Musik" bezeichnet.

Neue Universitäten

Im 15. Jahrhundert entstanden auch viele neue und bedeutende Universitäten in Europa: Alcalá, Bordeaux, Louvain, St. Andrews, Tübingen und Uppsala. Die Universität von Wittenberg, an der Luther lehrte, wurde 1502 gegründet.

Die katholische Kirche um 1500

Im 15. Jahrhundert erntete das Papsttum die Früchte mehrerer Jahrhunderte voller Glaubenskompromisse. Im Laufe des großen Schismas erhoben zwei, zum Teil auch drei, Päpste Anspruch auf das Amt des Kirchenoberhaupts. Das Konzil von Konstanz löste einen Machtkampf zwischen den Bischöfen und dem Papst aus, der nicht nur die Handlungsfähigkeit des Papsttums einschränkte, sondern auch dem Ruf der Kirche schädigte. Der Ablasshandel und der Verkauf von Kirchenämtern blieb weiterhin bestehen und machten sie zu einem politischen Spielzeug für Fürsten und eine sichere Einkommensquelle für die zweiten Söhne adliger Familien.

Kritik an dem Machtmissbrauch und daraus resultierend den Ruf nach Reformen innerhalb und außerhalb der Kirche hatte es schon lange gegeben. Diese Kritik wurde jedoch schärfer, je mehr sich die Gesellschaft durch Städtewachstum und Bildungszuwachs fortentwickelte. Oft war der wohlhabende Laienstand besser gebildet als viele der Priester, die vorgaben, die Mittler für den einzigen Weg zur Erlösung zu sein. Trotzdem blieb die katholische Kirche um 1500 eine ungeteilte und nahezu unangefochtene Institution. Mit einer viel beneideten Machtstruktur hatten Diözesen und Erzbistümer Europa unter sich aufgeteilt, und der Reichtum der Kirche war nahezu unübertroffen.

Karte 10

KIRCHLICHE UNTERTEILUNGEN IN WESTEUROPA UM 1500

SCHOTTLAND
St. Andrews
IRLAND
Armagh
Dublin
Tuam
Cashel
ENGLAND
York
Canterbury
NORDSEE
ATLANTIK
OSTSEE
Uppsala
DEUTSCHRITTER-ORDEN
Riga
LITAUEN
Lemberg (Lviv)
POLEN
Gniezno
DÄNEMARK
Lund
HABSBURGISCHE NIEDERLANDE
Bremen
Köln
Mainz
Trier
Magdeburg
Prag
Salzburg
HEILIGES RÖMISCHES REICH
Besançon
Mailand
Genua
GENUA
Pisa
Aquileia
Venedig
VENEDIG
MOLDAWIEN
WALACHEI
UNGARN
Esztergom (Gran)
Kalocsa
OSMANISCHES REICH
SCHWARZES MEER
Zadar (Zara)
KIRCHENSTAAT
NEAPEL
Siponto
Trani
Bari
Brindisi
Taranto
Rossano
Santa Severina
Benevento
Capua
Naples
Sorrento
Amalfi
Salerno
Cosenza
Messina
Reggio
Palermo
Monreale
Torres
Oristano
Cagliari
MITTELMEER
FRANKREICH
Rheims
Rouen
Tours
Bourges
Moutiers
Embrun
Aix
Avignon
Narbonne
Toulouse
Auch
Bordeaux
NAVARRO
Tarragona
Saragossa
Valencia
Toledo
Granada
Sevilla
SPANIEN
Santiago de Compostela
Braga
PORTUGAL
Lissabon
AFRIKA

Die portugiesischen Expeditionen

Im Mittelalter spielten China und Indien eine tragende Rolle im europäischen Handel. Mit dem Aufstieg der Ming-Dynastie (1368–1644) und dem Ende der mongolischen Herrschaft in China wurden europäische Händler jedoch von großen Teilen Asiens abgeschnitten. Zeitgleich wuchs mit dem Zusammenbruch der Kreuzfahrerstaaten auch der muslimische Einfluss im Nahen Osten. Der Landweg nach Indien wurde daher zunehmend unsicher und gefährlich, sodass viele europäische Staaten einen Seeweg nach Indien suchten.

Im 15. Jahrhundert machten die Königreiche Spanien und Portugal mehrere Entdeckungsreisen, die später von Seeleuten aus Genua und Venedig nachgeahmt wurden. 1415 eroberte Portugal die marokkanische Stadt Ceuta und brach von dort aus zu weiteren Entdeckungsfahrten entlang der westafrikanischen Küste auf. Infolgedessen wurden auch Atlantikinseln wie die Azoren, Madeira und Kap Verde entdeckt und kolonisiert.

Heinrich der Seefahrer (1394–1460), Prinz von Portugal, konnte mit Hilfe des Christusordens Handels-, Entdeckungs- und Missionsreisen finanzieren. Sein endgültiges Ziel war die Umsegelung Afrikas. 1434 passierte eine von ihm finanzierte Expedition das gefürchtete Kap Bojador, das damals die Grenze der bekannten Welt markierte. Nachdem diese Hürde nach zehn Jahren voller Fehlversuche überwunden war, erreichten Heinrichs Karavellen 1436 die Mündung des Senegal und 1441 Cap Blanc an den südlichen Ausläufern der Sahara. 1444 brachte einer von Heinrichs Kapitänen die erste Bootsladung afrikanischer Sklaven nach Portugal – und schuf damit einen traurigen Präzedenzfall in der Geschichte.

Auf ihrem fortschreitenden Weg nach Süden umrundeten portugiesische Seefahrer 1445 Kap Verde, erreichten 1457 Sierra Leone, 1471 die Goldküste und 1482 die Kongo-Mündung. 1490 segelten einige Entdecker den Fluss hinauf und fanden dabei das Königreich Kongo, dessen Herrscher sie zum Christentum bekehrten.

Kirche Unserer Lieben Frau der Unbefleckten Empfängnis in Goa, gegründet 1540

PORTUGIESISCHE ENTDECKUNGSREISEN Karte 11

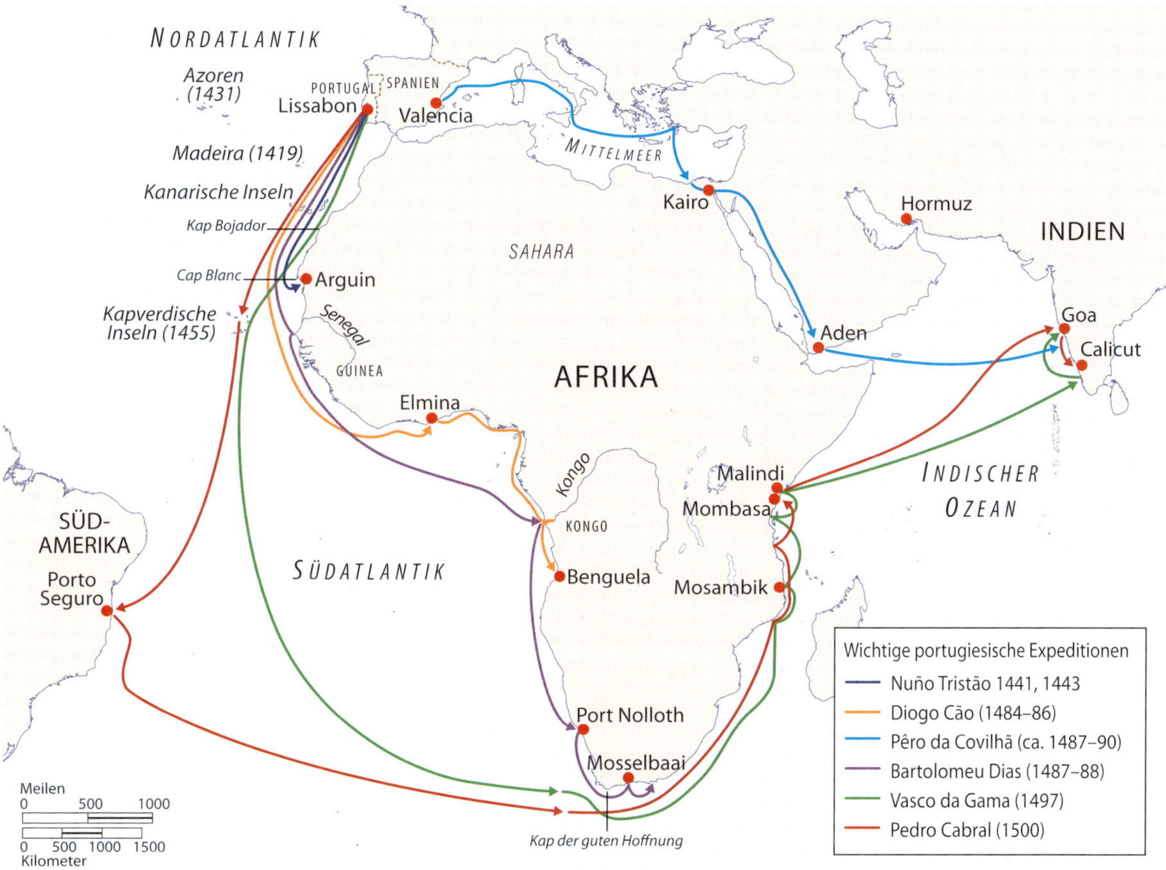

Dias und da Gama

Die Portugiesen drangen immer weiter nach Süden vor. Die todesmutige Reise des Bartolomeu Dias (ca. 1451–1500), der 1488 das Kap der Guten Hoffnung umrundete, bewies, dass man im Gegensatz zur vorherrschenden Meinung Indien über den Atlantik erreichen konnte. Letztendlich war es Vasco da Gama (ca. 1460–1524), der nach der Umrundung des Kaps die afrikanische Ostküste hochsegelte, mit Hilfe eines Navigators aus Malindi den Indischen Ozean überquerte und 1498 Calicut in Indien erreichte. Die portugiesische Hauptstadt Lissabon entwickelte sich infolge dieser Entdeckung zum Haupthandelshafen für den Osten. Ein weiterer herausragender Seefahrer, Afonso de Albuquerque (ca. 1453–1515) legte mit der Eroberung Goas (1510), Malakkas (1511) und Hormus' (1515) den Grundstein für das portugiesische Imperium. Diese Häfen wurden zu einem strategischen Handelsnetzwerk, jedoch nie zu Kolonien, da Portugal nicht die Ressourcen besaß, um sich als Kolonialmacht zu behaupten.

Die Erfolge Portugals veranlassten Königin Isabella von Spanien dazu, die Expedition des Christopher Kolumbus aus Genua zu finanzieren. Sein Plan war es, Indien zu erreichen, indem er nach Westen segelte. Nach seiner Entdeckung (1492) eingeborener, braunhäutiger Menschen in einem Gebiet, das heute die Bahamas, Kuba und Santo Domingo umfasst, kehrte er zurück, um von seiner Entdeckung „Westindiens“ zu berichten. Dies war die Geburtsstunde der spanischen Eroberungskampagne der Neuen Welt.

Da Spanien und Portugal gleichermaßen um die Erschließung der amerikanischen Landmasse wetteiferten, mussten Trennlinien geschaffen werden. 1494 wurde daher unter wohlwollender Verfasserschaft des spanischstämmigen Papstes Alexander VI. der Vertrag von Tordesillas aufgesetzt, der die portugiesischen Interessensgebiete in Afrika und Asien von den westlichen Expeditionen Spaniens trennen sollte. Die Portugiesen erwirkten in den Verhandlungen die Verschiebung der Demarkationslinie nach Westen – mit dem Argument, dass ihre Schiffe oft weit in den Atlantik segeln mussten, um günstige Winde zu finden. Das gab der Nation ein Anrecht auf die bis dato noch unentdeckten Gebiete Brasiliens.

Die anfänglichen Eroberungsfeldzüge der Spanier verliefen schnell und blutig, jedoch war der langwierige Prozess der Ausbeutung gleichermaßen zerstörerisch. Die indigenen Stämme litten unter Krieg, schlechter Behandlung und der ungewohnten Zwangsarbeit; tödlich waren die von den Europäern mitgebrachten Krankheiten, denen ihr Immunsystem nichts entgegenzusetzen hatte.

Die Urbevölkerung Mexikos, 1521 noch auf 25 Millionen geschätzt, wurde rasend schnell dahingerafft. 1532 waren es 16 Millionen, 1568 blieben noch 2,6 Millionen. Um Felder zu bestellen und in Bergwerken zu arbeiten, brachten die Eroberer auch afrikanische Sklaven nach Amerika – vor allem in den Karibikraum. Diese wurden ebenso durch Krankheiten, Hungersnot und Grausamkeit zugrunde gerichtet.

Die Feldzüge der *conquistadores* wurden bereits früh von Missionaren begleitet, doch gab es nur wenige Geistliche, wie etwa den Dominikanermönch Bartolomé de Las Casas (1474–1560), die versuchten, die Sklaven und Ureinwohner vor Willkür und Mord zu schützen. Die meisten Versuche wurden jedoch unterbunden.

Für die Jahre 1529 und 1556 gewährte Karl V. der Welserschen Handelsgesellschaft aus Augsburg die Ausbeutung der Regionen Venezuela und Neugranada – das Reich der Chibcha-Indianer. Das Inka-Reich wurde von Francisco Pizzaro (ca. 1471–1541) erobert, der Lima und Peru gründete, während die Azteken von Hernán Cortés (1485–1547) ausgerottet wurden, der auf den Trümmern der alten Aztekenhauptstadt Tenochtitlan Mexiko-Stadt gründete.

Weitere Expeditionen

Später stießen auch Franzosen, Briten, Holländer und Dänen in die Karibik und nach Zentralamerika vor, wo sie ihre eigenen Kolonien gründeten. Die spanische Krone drängte hingegen weiter nach Norden in die Teile Nordamerikas, die heute als Florida, Texas und Arizona bekannt sind. 1497 entdeckte der wohlhabende, in England lebende Italiener John Cabot (Giovanni Caboto, ca. 1450 – ca. 99) auf der Suche nach Brasilien Neufundland. Im Jahr darauf folgte er dem Küstenverlauf von Grönland, Labrador, Neufundland und Neuengland. Die erste französische Expedition wurde von Jacques Cartier angeführt, der zwischen 1534 und 1541 den Sankt-Lorenz-Strom hinaufsegelte.

NEUFUNDLAND
John Cabot (Giovanni Caboto) – Venedig / England (1497)
ENGLAND
Bristol
NORD-AMERIKA
Sankt-Lorenz-Strom
FRANKREICH
Jacques Cartier – Frankreich (1534–36)
NORDATLANTIK
PORTUGAL
SPANIEN
Lissabon
Sanlúcar de Barrameda
Francisco Vasquez de Coronado – Spanien (1540–42)
Hernando de Soto – Spanien (1539–40)
Amerigo Vespucci – Florenz / Portugal (1501–02)
Giovanni da Verrazzano – Florenz / Frankreich (1524)
FLORIDA
Juan Ponce de Léon – Spanien (1513-14)
MEXIKO
Hernándo Cortéz – Spanien (1518–20)
KUBA
HISPANIOLA
PUERTO RICO
Kolumbus – Genua / Spanien (1502–04)
Rodríguez Cabrillo – Portugal (1542–43)
Tenochtitlan (Mexiko-Stadt)
AFRIKA
Amerigo Vespucci – Florenz / Portugal (1499–1500)
Álvar Núñez Cabeza de Vaca – Spanien (1528–36)
Francisco Pizarro – Spanien (1532–33)
Vasco Núñez de Balboa – Spanien (1510–13)
Ferdinand Magellan – Portugal / Spanien (1519)
PAZIFIK
SÜD-AMERIKA
Cuzco
Rio de Janeiro
SÜDATLANTIK
Buenos Aires
Portugiesisch
Französisch
Spanisch
Englisch
Meilen
0 500 1000
0 500 1000 1500
Kilometer

DIE ERSTE WELTUMSEGELUNG

1519 brach der portugiesische Entdecker Ferdinand Magellan (1480–1521) zu einer Reise auf, die als erste Weltumsegelung in die Geschichte eingehen sollte. Da er am portugiesischen Königshof in Ungnade gefallen war, nahm er den Auftrag König Karls I. von Spanien an, auf westlichem Seewege die Gewürzinseln anzufahren, um herauszufinden, ob diese in spanischem Hoheitsgebiet lägen. Magellan umsegelte die Südspitze Südamerikas und entdeckte dabei die Meerenge, die heute seinen Namen trägt. Als erster Seefahrer entschied er sich, den Heimweg in westlicher Richtung anzutreten. Bei einem Kampf mit der indigenen Bevölkerung der Philippinen kam er jedoch ums Leben. Die Reise wurde von seinem Stellvertreter Sebastián del Cano (ca. 1476–1526) zu Ende geführt.

Spanisches Territorium um 1550
Portugiesisches Territorium um 1550
Magellans Seeweg
ROPA
ASIEN
FRIKA
PHILIPPINEN
PAZIFIK
Matacan –
April 1521 –
Tod Magellans
INDISCHER
OZEAN
der guten Hoffnung
– unter Elcanos Führung
Demarkationslinie:
Vertrag von Saragossa, 1529

Teil 2

Die Reformation

[So] bin ich durch die von mir angeführten Schriftworte bezwungen. Und solange mein Gewissen in Gottes Worten gefangen ist, kann und will ich nichts widerrufen, weil es unsicher ist und die Seligkeit bedroht, etwas gegen das Gewissen zu tun. Gott helfe mir. Amen!

MARTIN LUTHER

Kaiser Karl V.

Das politische Klima Westeuropas im frühen 16. Jahrhundert wurde von drei mächtigen und ambitionierten Herrschern geprägt. Heinrich VIII. (Reg. 1509–47) war der erste englische König, der sich mit „Eure Majestät" anreden ließ und sich vom Papst lossagte. Sowohl der französische König als auch der Kaiser des Heiligen Römischen Reiches warben um seine Gunst. Franz I. (Reg. 1515–47), König von Frankreich, verstärkte den absolutistischen Anspruch seiner Vorgänger und kämpfte erfolglos mit Karl V. um den Titel des Kaisers des Heiligen Römischen Reiches. Währenddessen richtete das Osmanische Reich unter Süleyman dem Prächtigen (Reg. 1520–66) seinen Blick auf den christlichen Norden. Die Armeen des Sultans eroberten 1521 Belgrad und besiegten die ungarische Armee 1526 bei Mohács. 1529 wurden Süleymans Streitkräfte vor Wien zurückgedrängt und ein weiterer Vorstoß 1532 bei Güns aufgehalten.

Die dritte Person neben Heinrich VIII. und Franz I. war Karl V., Kaiser des Heiligen Römischen Reichs (Reg. 1519–56). Während seiner Regierungszeit versuchte er, die Ordnung in Europa aufrechtzuerhalten, die Türken zurückzudrängen, die Spaltung der Kirche aufgrund der Reformation wieder aufzuheben und seine Erblande zu verteidigen und auszuweiten. Als Enkel Ferdinands von Aragón (Reg. 1479–1516) und Isabellas von Kastilien (Reg. 1474–1504) erbte er 1516 die spanische Krone und nahm den Titel Karl I. von Spanien an, das mit dem Fall von Granada 1492 und der Vertreibung der letzten Mauren nun wieder vollständig in den Händen der Spanier war. Teil dieser Erbschaft waren auch Sardinien, Sizilien, das Königreich von Neapel und die Balearen. Zusätzlich floss durch die frisch kolonisierten spanischen Gebiete in Nord-, Zentral- und Südamerika (Vizekönigreich Neuspanien) Reichtum aus der Neuen Welt in die Schatzkammer Karls V.

Von seiner Großmutter väterlicherseits, Maria von Burgund (Reg. 1477–1782), erbte er große Teile der Niederlande, die Freigrafschaft Burgund und Luxemburg, von seinem Großvater Maximilian I. (Reg. 1508–16) die Ländereien der Habsburger in Deutschland. Die Habsburger konnten zudem die Ostgrenze des Reichs für sich beanspruchen: Ungarn, Böhmen, Mähren und Schlesien.

1519 wurde Karl zum Kaiser des Heiligen Römischen Reiches gewählt und war damit – zumindest dem Namen nach – auch Herrscher über Zentraleuropa.

Die vielen Ländereien und die dazu proportional großen Ambitionen Karls V. machten ihm seine Regentschaft jedoch nicht einfach. Franz I. erhob ebenfalls Anspruch auf mehrere Gebiete, wie etwa das Königreich Neapel, Mailand, Burgund, Flandern und Artois. Zudem lag er im Streit mit dem Papst, dessen erklärter Wille es war, dass niemand sowohl Mailand als auch Neapel zeitgleich besitzen dürfe. Deswegen gewährte Papst Leo X. auch Franz I. von Frankreich seine Unterstützung bei der Kaiserwahl. Papst Clemens VII. schlug sich in einer Zeit auf die Seite des französischen Königs, in der ein gemeinsamer Kraftakt die Reformation hätte zerstören können.

In den 1550er Jahren gab Karl zunehmend mehr Ansprüche auf. Sizilien, Neapel und Mailand übergab er 1554 an seinen Sohn Philipp, 1555 dankte er in den Niederlanden ab und 1556 sogar in seinem spanischen Königreich. 1558 erbte kurz vor seinem Tod letztlich sein Bruder Ferdinand den Thron des Heiligen Römischen Reiches.

REGIERUNGSGEBIET KARLS V.

Karte 14

Martin Luther

Martin Luther (1483–1546) wurde in Eisleben geboren, einer kleiner Bergarbeiterstadt im Nordosten von Deutschland, wuchs in Mansfeld auf und ging dort in Magdeburg und Eisenach zur Schule. An der Erfurter Universität absolvierte er die Freien Künste und studierte für kurze Zeit Jura (1501–08). 1505, nachdem er während eines schweren Gewitters ein dramatisches Gelübde abgelegt hatte, trat er einem Augustinerkloster in Erfurt bei. Nach seiner Priesterweihe begann er ein Theologiestudium (1507) und wechselte 1511 zur Universität von Wittenberg, mit der er zeitlebens verbunden blieb. 1510/11 reiste er im Namen seines Ordens nach Rom. 1512 promovierte er und übernahm anschließend die Bibelprofessur in Wittenberg.

Geistliche Krisen, die ihn sein Leben lang begleiten sollten, führten Luther zu einem intensiven Bibelstudium. Kraft zog er aus seiner reformatorischen Erkenntnis, nach der Gott Gerechtigkeit schenkt und nicht einfordert: Rechtfertigung des Menschen also durch Glauben und nicht durch Taten.

Luther übermittelte seine Kritik am Ablassmissbrauch dem Erzbischof Albrecht von Mainz und legte die 95 Thesen bei, die er am 31. Oktober 1517 auch an die Tür der Wittenberger Schlosskirche angeschlagen haben soll.
Die Thesen hatten ursprünglich den Zweck, einen akademischen Diskurs über den Ablasshandel und die Obsession der Kirche um materielle Dinge auszulösen. Effektiv griffen sie jedoch die Grundlage der gängigen Glaubenspraxis an.

Im Dezember 1517 informierte der Erzbischof von Mainz Rom über Luther. Dieser reiste 1518 nach Heidelberg, wo er vor seinem Orden eine Disputation abhielt, in der er ausgewählte Thesen über die Gnade Gottes und den Kreuzestod Christi erörterte und diskutierte. Im Oktober 1518 wurde er nach Augsburg vorgeladen, wo ihn Kardinal Thomas Cajetan (1469–1534) verhörte. Luther verweigerte den Widerruf und floh, als er hörte, dass ihm vielleicht eine Verhaftung drohte. Während einer Disputation mit seinem schärfsten Kritiker Johannes von Eck (1486–1543) im Juli 1519 in Leipzig sagte Luther, dass Papst und kirchliche Konzilien irren können. Auf dem berühmten Reichstag von Worms im April 1521 weigerte sich Luther, der nun vor dem Kaiser des Heiligen Römischen Reichs stand und um sein Leben fürchtete, erneut, zu widerrufen. Daraufhin wurde die Reichsacht über ihn verhängt und er damit für vogelfrei erklärt. Sein ihm wohlgesonnener Landesherr Kurfürst Friedrich von Sachsen ließ ihn entführen und auf die Wartburg bringen. Dort widmete Luther sich ganz der Übersetzung des Neuen Testaments ins Deutsche.

Sachsen bestand seit 1485 aus zwei Teilen: dem ernstinischen Kurfürstentum und

Martin Luther (1483–1546).

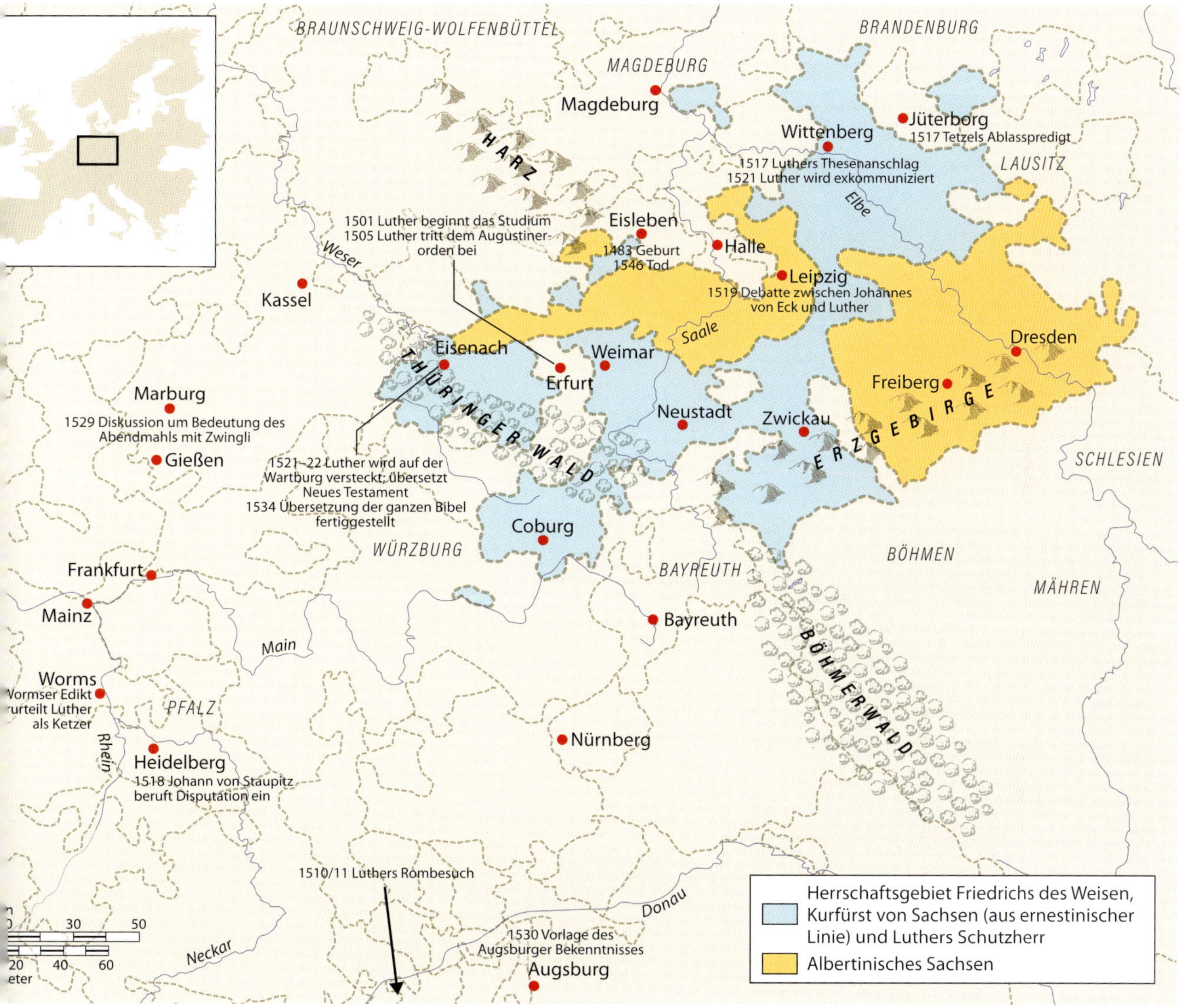

dem albertinischen Herzogtum. In seiner Zeit als Reformator hatte Luther das Glück, im Kurfürstentum Sachsen zu leben, dessen Herrscher, Kurfürst Friedrich der Weise (Reg: 1483–1525), ihm Schutz gewährte, als sich sowohl Kaiser als auch Kirche gegen ihn wandten – obwohl Friedrich Katholik blieb. Das Herzogtum Sachsen war hingegen unter der Regentschaft Herzog Georgs (1500–39), der ein erbitterter Gegner Luthers war. Die Leipziger Disputation fand etwa auf dem Gebiet Georgs statt. 1529 reiste Luther nach Marburg zu einem Gespräch mit Zwingli und anderen Reformatoren aus der Schweiz und Süddeutschland. Die meiste Zeit verbrachte er jedoch innerhalb der Grenzen Sachsens.

Pfälzischer Ritteraufstand

Vor dem Hintergrund der revolutionären Natur des lutherischen Gedankenguts und den politischen und wirtschaftlichen Spannungen der Zeit ist es nicht verwunderlich, dass die Reformation schon bald Anlass für gewalttätige Auseinandersetzungen war. Dies zeigte sich im Pfälzischen Ritteraufstand von 1522/23, bei dem rheinische und elsässische Reichsritter – von denen einige große Befürworter Luthers waren – gegen das Erzbistum Trier rebellierten, jedoch schnell niedergeschlagen wurden.

Mit dem allmählichen Zusammenbruch der mittelalterlichen Gesellschaft fand sich der niedere Adel der deutschen Staaten gefangen zwischen Kräften, die weder kontrolliert noch gemäßigt werden konnten. Viele der Adligen waren auf die schrumpfenden Erträge ihrer Ländereien angewiesen, die durch die Inflation, infolge der Entdeckung und Plünderung der Neuen Welt, noch geringer wurden. Die Macht der Könige und Einfluss der Fürsten und der Kirche regten den Unmut des Ritterstands an. Das Ideal der ritterlichen Tugenden und die Rolle des Ritterstands bei den Kreuzzügen hatten das Selbstverständnis des niederen Adels geprägt und ihm geschmeichelt. Nun nahm ihre wirtschaftliche und politische Bedeutung zunehmend ab.

Der Aufstand

Der Aufstand begann unter dem Oberbefehl der Ritter Franz von Sickingen (1481–1523) und Ulrich von Hutten (1488–1523). Beide waren Befürworter der lutherischen Lehre geworden, weil sie in ihr eine Möglichkeit sahen, den schwindenden Einfluss des christlichen Adels in der deutschen Nation wiederherzustellen. Sie fassten den Plan, die deutschsprachigen Gebiete zu vereinen und kirchliche Fürstentümer zu säkularisieren. Inspiriert von Hutten erklärte Sickingen seinen Stammsitz im Rheinland, Burg Ebernburg, zu einem Refugium für alle Befürworter Luthers

Die Sickinger Höhe in der Pfalz, nahe Sickingenstadt Landstuhl

PFÄLZISCHER RITTERAUFSTAND 1522–23

Karte 16

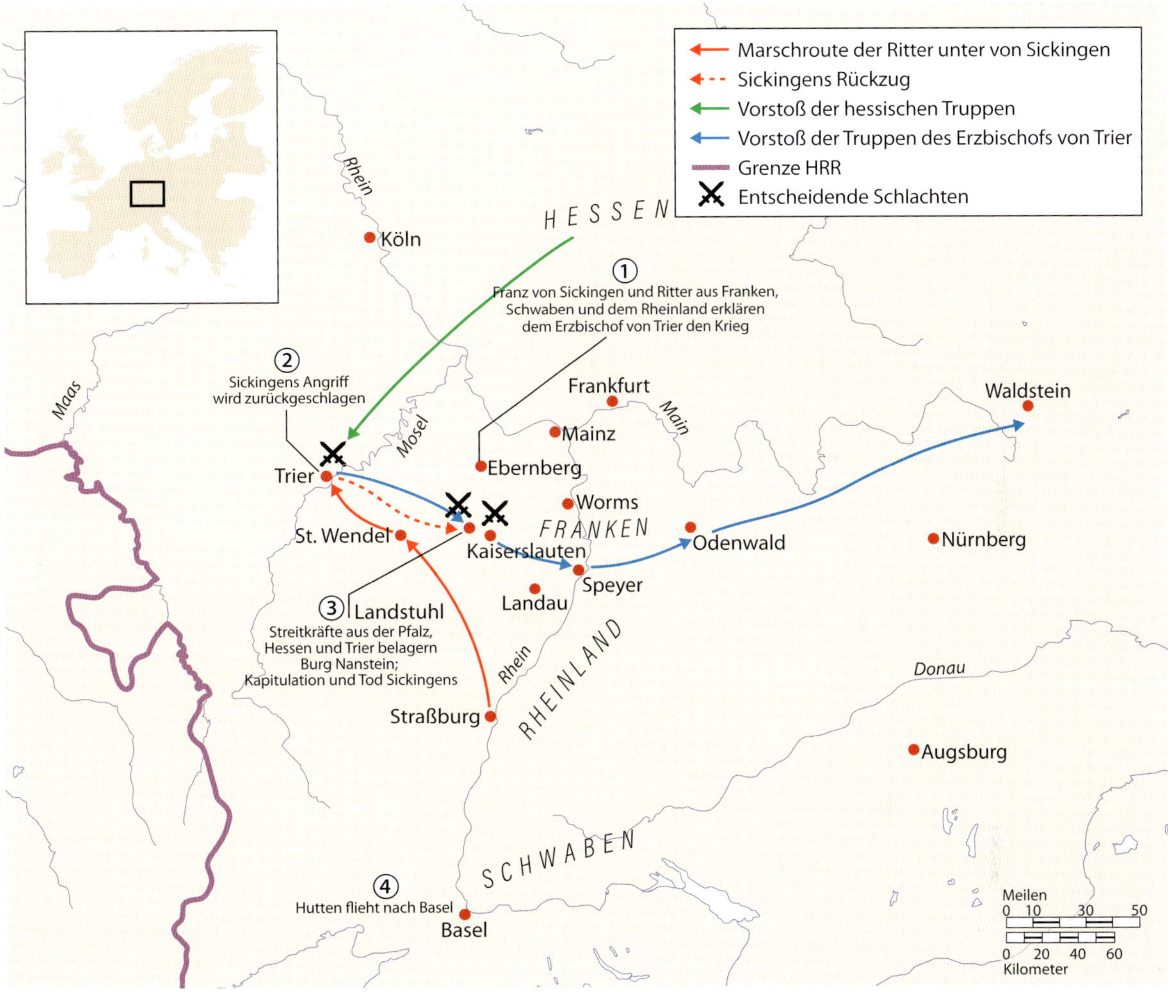

und einem Zentrum für lutherische Propaganda. Er beherbergte unter anderem Martin Bucer und Johannes Oekolampad. Sickingen bot auch Luther an, ihn nach dem Wormser Edikt aufzunehmen.

Während eines Spanienaufenthalts des Kaisers rief Sickingen die Ritter zusammen und erklärte dem Erzbischof von Trier, einem großen Gegner Luthers, den Krieg. Nach einem erfolglosen Angriff auf Trier floh er auf seine Festung in Landstuhl, wo er von einer Koalition aus drei Fürsten besiegt und getötet wurde. Hutten floh nach Sickingens Niederlage nach Basel in die Schweiz.

Die Ablehnung der Kirchensteuer, die eine Begleiterscheinung des Aufstands war, sollte sich kurze Zeit später auch im Bauernkrieg wiederfinden.

Der Bauernkrieg

Während Martin Luthers „Schutzgewahrsam" auf der Wartburg (1521–22) gingen einige Reformatoren einen Schritt weiter in ihrer Kirchenkritik: Luthers Kollege Andreas Karlstadt eiferte gegen das priesterliche Zolibät und das Ritual der Messe. Die „Zwickauer Propheten", eine radikale Gruppe, die vorgab, direkt vom Heiligen Geist inspiriert worden zu sein, behaupteten, dass Brot und Wein beim Abendmahl lediglich Symbole seien und in keinster Weise Leib und Blut Christi. Auch die Kindertaufe wurde in Frage gestellt. Luther musste schon bald eingreifen, um die Lage wieder unter Kontrolle zu bringen.

Jedoch schufen Luthers Ansichten – vor allem seine Betonung der Freiheit in Christus – und sein Widerstand gegen die Kirche selbst in ganz Deutschland den sozio-religiösen Nährboden für umwälzende Veränderungen: nicht wenige Geistliche führten den Angriff auf die Institution der Heiligen Messe selbst an; unterschiedliche Städte führten Reformen ein; viele Adlige sympathisierten offen mit Luther; Mönche und Nonnen gaben ihre Gelübde auf.

1524 brachen in weiten Teilen des Landes bewaffnete Proteste und Verweigerungsbewegungen aus, die im sogenannten Bauernkrieg eskalierten. Ähnliche Proteste hatte es zwar schon vorher gegeben, jedoch schürte in diesem Fall die Vereinigung wirtschaftlicher und sozialer Missstände mit aus der Reformation abgeleiteten Ideen die Situation um ein Vielfaches an.

In vielen deutschsprachigen Gebieten, selbst in entlegenen Regionen des Elsaß, der Alpenränder, der böhmischen Grenzländer, Ungarn und des Königreichs Polen kam es zu Arbeitsverweigerungen, Unruhen und Aufständen. Vor allem geistlichen Landbesitzern wurde viel Feindschaft entgegengebracht. Beispielhaft ist dies an den ersten drei der Zwölf Artikel, die die schwäbischen Pachtbauern proklamierten, in denen sie das Recht einforderten, den Gemeindepfarrer selbst zu wählen, die Kirchensteuer vor Ort für den Priester und die Armen zu verwenden und die Leibeigenschaft abzuschaffen.

Der Aufstand konnte von den Streitkräften des Kaisers und auf lokaler Ebene etwa von Philipp von Hessen und Georg von Sachsen durch blutige Schlachten, Massaker und Folter niedergeschlagen werden.

Luthers Schreibstube auf der Wartburg

DER BAUERNKRIEG 1524–25 Karte 17

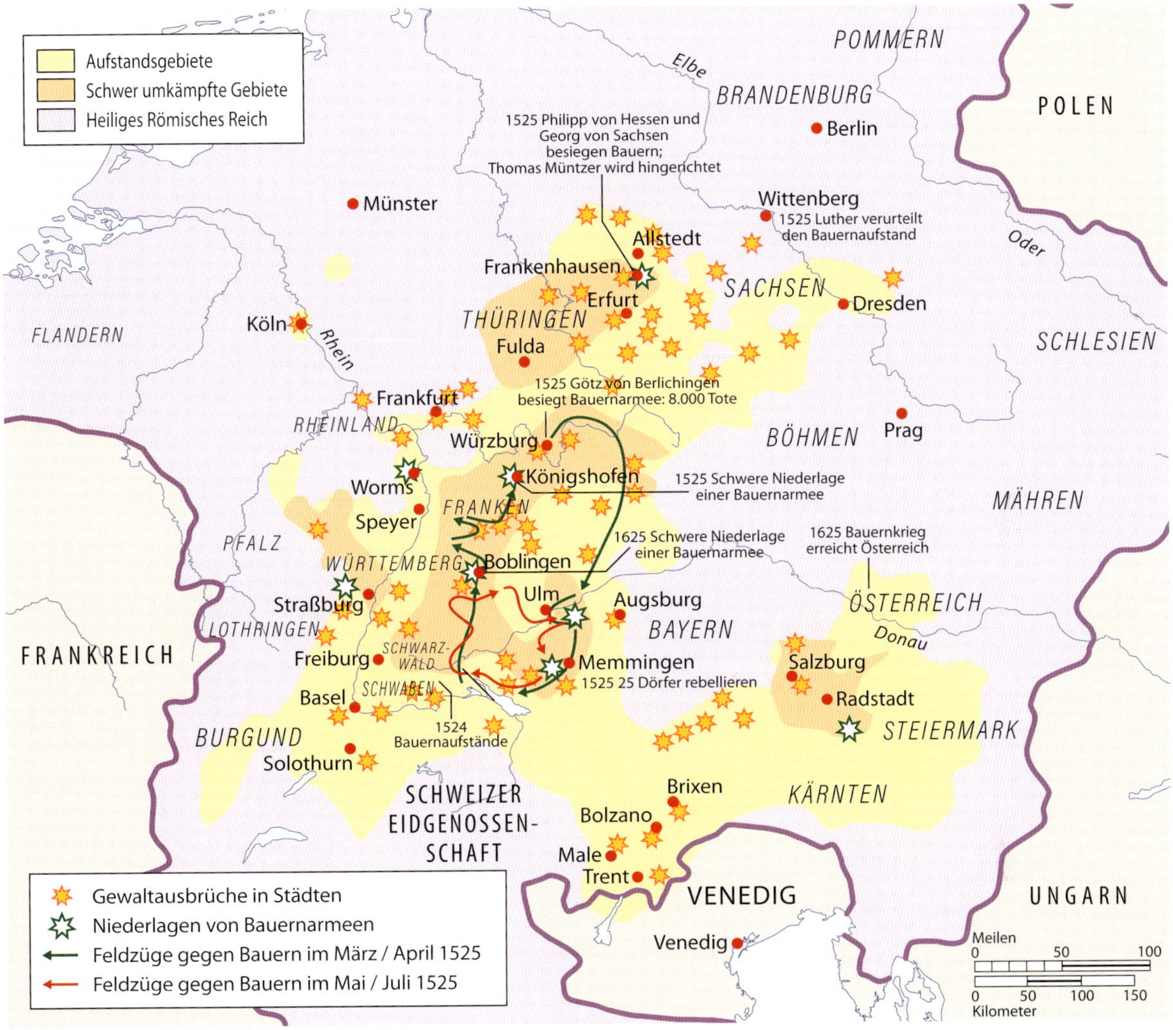

Luther gab anfänglich in seiner *Ermahnung zum Frieden* (April 1525) noch den Fürsten und „blinden Bischöfen und tollen Pfaffen und Mönchen“ die Schuld am Aufstand, erinnerte die Bauern aber zeitgleich daran, dass die Obrigkeit „von Gottes Recht verordnet“ sei. Nach einer gefährlichen Reise zu einer Verhandlung mit den Rebellen war Luther zunehmend davon überzeugt, dass Anarchie ausgebrochen sei, und verfasste die Schrift *Wider die mörderischen Rotten der Bauern.* Diese wurde nur wenige Tage vor dem Ende des Aufstands herausgegeben und schien das darauffolgende Vorgehen des Kaisers und der Fürsten zu rechtfertigen, während dem etwa 100.000 Menschen den Tod fanden. Luther, Verfechter aller Laienchristen, schien damit staatlich sanktionierte Massaker entschuldigt zu haben.

Die radikale Reformation

In der Schweizer Stadt Zürich entwickelte sich die Reformation rasant fort. Wie bereits in Wittenberg während Luthers Wartburgaufenthalt begannen enthusiastische Bürger vom Bilderverbot in den Zehn Geboten ausgehend, Bilder und religiöse Statuen zu zerstören. Andere forderten die auschließliche Erwachsenentaufe. Eine kleine Gruppe von Zürchern folgte dieser Praxis und taufte im Januar 1525 erst ihre Mitglieder und dann auch andere. Da sie bereits als Kinder getauft worden waren, nannten ihre Gegner sie abschätzig „Wiedertäufer". Die Täufer selbst sahen ihre Taufe jedoch nicht als Zweittaufe an, da die Kindertaufe für sie keine Gültigkeit besaß.

Die Täuferbewegung gewann schnell viele Anhänger, vor allem in den Dörfern südlich und östlich von Zürich. Als die Zürcher Täufer verhaftet wurden, widerriefen die meisten von ihnen, jedoch wurden 1526 einige durch Ertränken hingerichtet und andere der Stadt verwiesen. Da die Mitgliedschaft in der Bewegung vollkommen freiwillig war, fluktuierte die Anzahl der Täufer häufig: unterschiedliche Gruppen entstanden und lösten sich wieder auf. Sie waren insgesamt eine Minderheit aus der sich drei charakteristische Bewegungen grob bestimmen lassen.

Zum einen gab es die einflussreichen „Schweizer Brüder", die sich 1527 in der Nähe des Bodensees trafen und die Bekenntnisschrift *Die Brüderliche Vereinigung etlicher Kinder Gottes / sieben Artikel betreffend* verfassten. Sie erklärten, dass die Erwachsenentaufe obligatorisch und das Abendmahl ein reines Gedächtnismahl sei, Pastoren gewählt werden müssten und dass Gläubige sich aus der Gesellschaft absondern und auf Gewalt verzichten sollten. Ein weiterer Artikel lehnte das Schwören eines Eids ab. Obwohl Andreas Karlstadt und die von Luther abgelehnten Zwickauer Propheten ebenso die Säuglingstaufe in Frage gestellt hatten, entstand keine Verbindung zwischen den radikalen Propheten und den Schweizer Täufern.

Eine zweite Bewegung lässt sich in Süddeutschland verorten, deren frühes Zentrum Augsburg war und die von Hans Denck (1495–1527) und dem Buchhändler Hans Hut (ca. 1490–1527) angeführt wurde. Im Laufe der Zeit wurden Täufergruppen aus der Schweiz und Süddeutschland dazu gezwungen, Zuflucht im verhältnismäßig sicheren Mähren zu suchen. Angeführt von Balthasar Hubmaier (ca. 1484–1528), der vorher aus Waldshut und Zürich fliehen musste, und Jakob Hutter (ca. 1500–36), der seine Anhänger aus Tirol mitgebracht hatte, entwickelten diese „Hutterer" einen einfachen gemeinschaftlichen Lebensstil. Gegen Ende des 16. Jahrhunderts war die Gruppe möglicherweise auf 30.000 Mitglieder angewachsen. Nachdem Mähren nicht länger sicher war, zogen die Hutterer weiter. Innerhalb der nächsten beiden Jahrhunderte mussten die Überlebenden der Gruppe in Osteuropa von Ort zu Ort ziehen, bis sie letztendlich Zuflucht in Nordamerika fanden.

Das Verhalten des dritten Bewegungsstrangs in Nordwesteuropa erklärt den Argwohn und die Feindseligkeit gegenüber den Täufern im 16. Jh. In den Niederlanden hatte der Täufer Melchior Hoffmann (1500–43) mit einer Lehre, die die baldige und triumphale Wiederkunft Gottes prophezeite, viele Anhänger gewonnen. Da die Region Teil der Habsburger Ländereien war, begannen diese, solche „Ketzer" gnadenlos zu verfolgen. Die Opfer dieser Verfolgungen flohen in die Bischofsstadt Münster, wo die Reformation bereits Fuß gefasst hatte. Melchior Hoffmanns Anhänger, die „Melchioriten", brachten die Stadt unter ihre Kontrolle und erklärten sie zum „Neuen Jerusalem". Aus der näheren Umgebung und Friesland strömten Tausende herbei, um sich taufen zu lassen und das Ende der Welt zu erwarten.

DIE TÄUFERBEWEGUNG UND DIE RADIKALE REFORMATION Karte 18

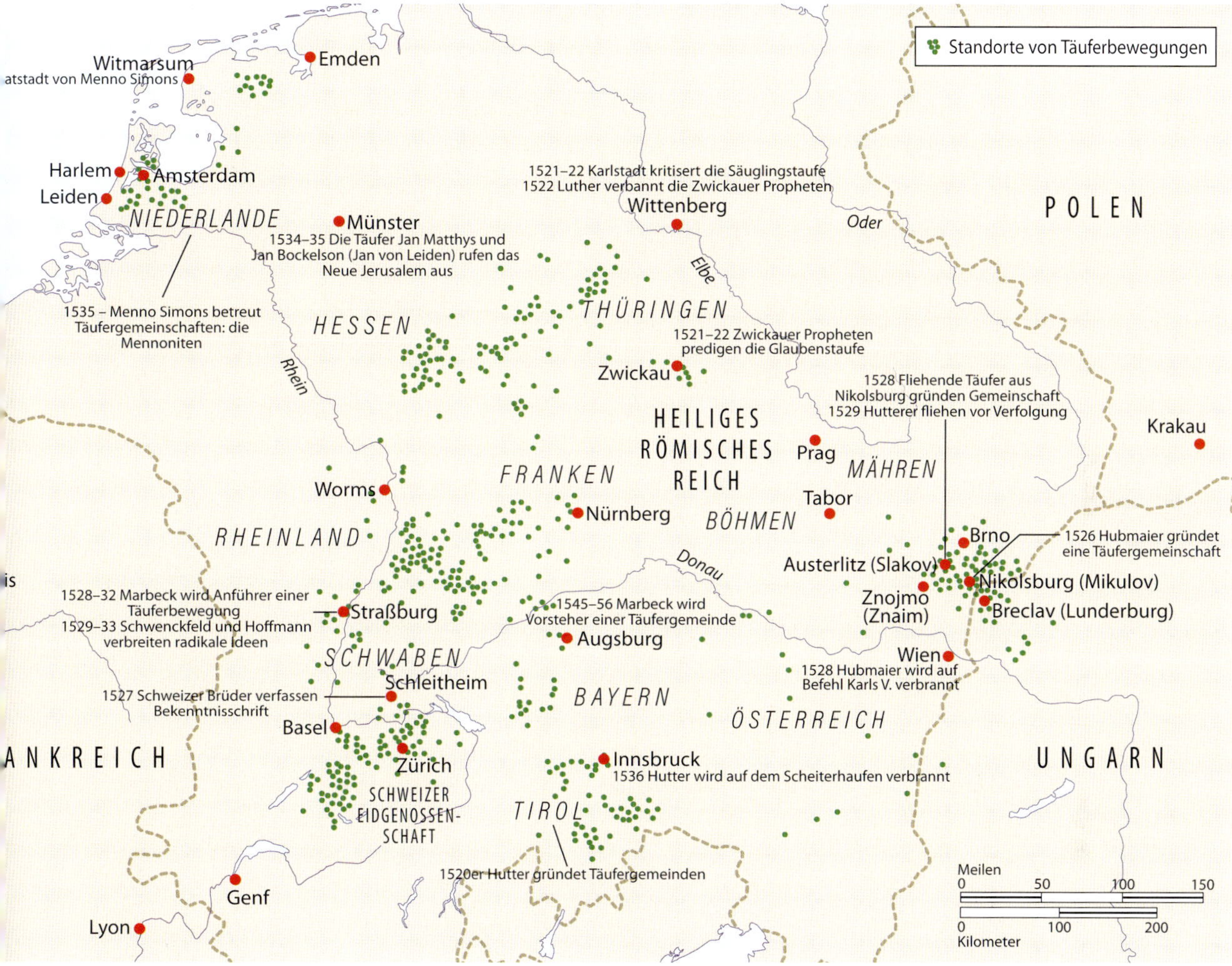

Münster

1534 schloss sich der Bischof von Münster mit evangelischen Fürsten zusammen, um die Stadt zu belagern. In Münster wurde unterdessen unter dem Anführer der Täufer, Jan von Leiden, eine neue Art der Gesellschaft ins Leben gerufen: Besitz wurde zu Allgemeingut erklärt und Polygamie legalisiert. 1535 wurde die Stadt an den Bischof verraten und der Widerstand in einem Blutbad niedergeschlagen. Der Zusammenbruch des Täuferreichs von Münster stellte das Ende der militanten Täuferbewegung dar. In der darauffolgenden Welle der Verfolgung wurden tausende Täufer umgebracht. Die Überlebenden wendeten sich einer Theologie des Mystizismus und der inneren Einkehr zu. Die größte Gruppe unter ihnen wurde durch den ehemaligen Priester Menno Simons am Leben erhalten. Diese pazifistisch und quietistisch gesinnten Mennonitengemeinschaften überdauerten die Verfolgung durch die Habsburger und wurden nach Ausrufung der Vereinigten Republik der Niederlande anerkannt.

Judenverfolgung um 1500

Im Laufe des Mittelalters wurden die aschkenasischen Juden immer wieder verfolgt. Jüdische Gläubige durften, gesetzlich festgelegt, nur in bestimmten abgetrennten Stadtteilen wohnen und nur bestimmte Berufe ausüben – wie etwa Bankiers für Fürsten und Händler. Aus dieser Zeit stammt die Karikatur des Juden als Erpresser und Wucherer. Obwohl es im deutschsprachigen Raum größere jüdische Gemeinschaften gab, wurden die meisten aus den Städten vertrieben, unter dem Vorwand, dass sie Brunnen vergiftet und die Pest verbreitet hätten. In Köln fand die Vertreibung 1424 statt, in München 1442 und in Nürnberg 1499.

In Regensburg waren es die Hetzreden des Dompredigers (und späteren Täufers) Balthasar Hubmaier, die dazu führten, dass Synagogen angezündet und die große jüdische Gemeinschaft aus der Stadt getrieben wurde. Martin Luther schaute in seinen späteren Jahren enttäuscht auf einen Teil der Reformation zurück: Er hatte damit gerechnet, dass die Juden sich im Lichte der Wiederherstellung des wahren Evangeliums zum christlichen Glauben bekennen würden. Als das nicht passierte, wandte er sich gegen sie und verfasste einige der schmählichsten Schriften seines Lebens. In der Abhandlung *Von den Juden und ihren Lügen* rief er dazu auf, Synagogen und Talmudschulen niederzubrennen, Rabbis das Lehren zu untersagen und die religiösen Schriften zu konfiszieren.

Vor dem Hintergrund wirtschaftlicher Inflation, der Bauern- und Ritterkriege, der Bedrohung durch das Osmanische Reich, der Religionskriege und wiederkehrender Epidemien, die mit der Expansion der Städte einhergingen, waren die Juden ein leichtes Ziel für den Frust und den Hass der Bevölkerung.

Verfolgung durch die Inquisition

In Spanien blieben die sephardischen Juden größtenteils unberührt von der Reconquista der Iberischen Halbinsel. Jedoch führten auch dort die instabile politische Situation und die Hasspredigten von Kirchenhäuptern zu Judenverfolgungen. 1391 breitete sich die antijüdische Gewalt von Sevilla nach Kastilien und Aragon aus. Tausende Juden entschieden sich dafür, zum Christentum überzutreten, was ihnen den Titel *marranos* („Schweine") einbrachte. Mitte des 15. Jahrhunderts brach die Feindseligkeit mit der Inquisition erneut aus. Oft bediente sie sich barbarischer Methoden, um „Kryptojuden" ausfindig zu machen.

Nachdem 1492 Granada, die letzte Bastion des Islam auf der Halbinsel, gefallen war, verbannten Ferdinand und Isabella alle Juden aus Spanien. 100.000–150.000 Juden verließen das Land, einige nach Portugal, die meisten aber nach Nordafrika oder die osmanisch beherrschte Türkei. Einige fanden auch in Italien, im Kirchenstaat, Zuflucht, wo die Inquisition weniger rigoros war als in Spanien. Ihr Einfluss lässt sich bei einigen humanistischen Denkern aus Norditalien und bei antitrinitarischen, radikalen Reformatoren wiederentdecken.

Im Zuge der Gegenreformation mussten die Juden erneut Unterdrückung erleiden. Die päpstliche Bulle *Vices eius nos* von 1577 zwang 100 Männer und 50 Frauen dazu, sich jeden Samstagnachmittag (während ihres Sabbats) Predigten in einer ghettonahen Kirche anzuhören. Prediger waren oft konvertierte Juden, wie etwa der Arzt Vitale de Medici (zuvor Rabbi Jehiel da Pesaro). In Frankreich und Italien hielt diese Praxis bis zur Französischen Revolution an.

UNTERDRÜCKUNG, VERFOLGUNG UND UMSIEDLUNG VON JUDEN

Karte 19

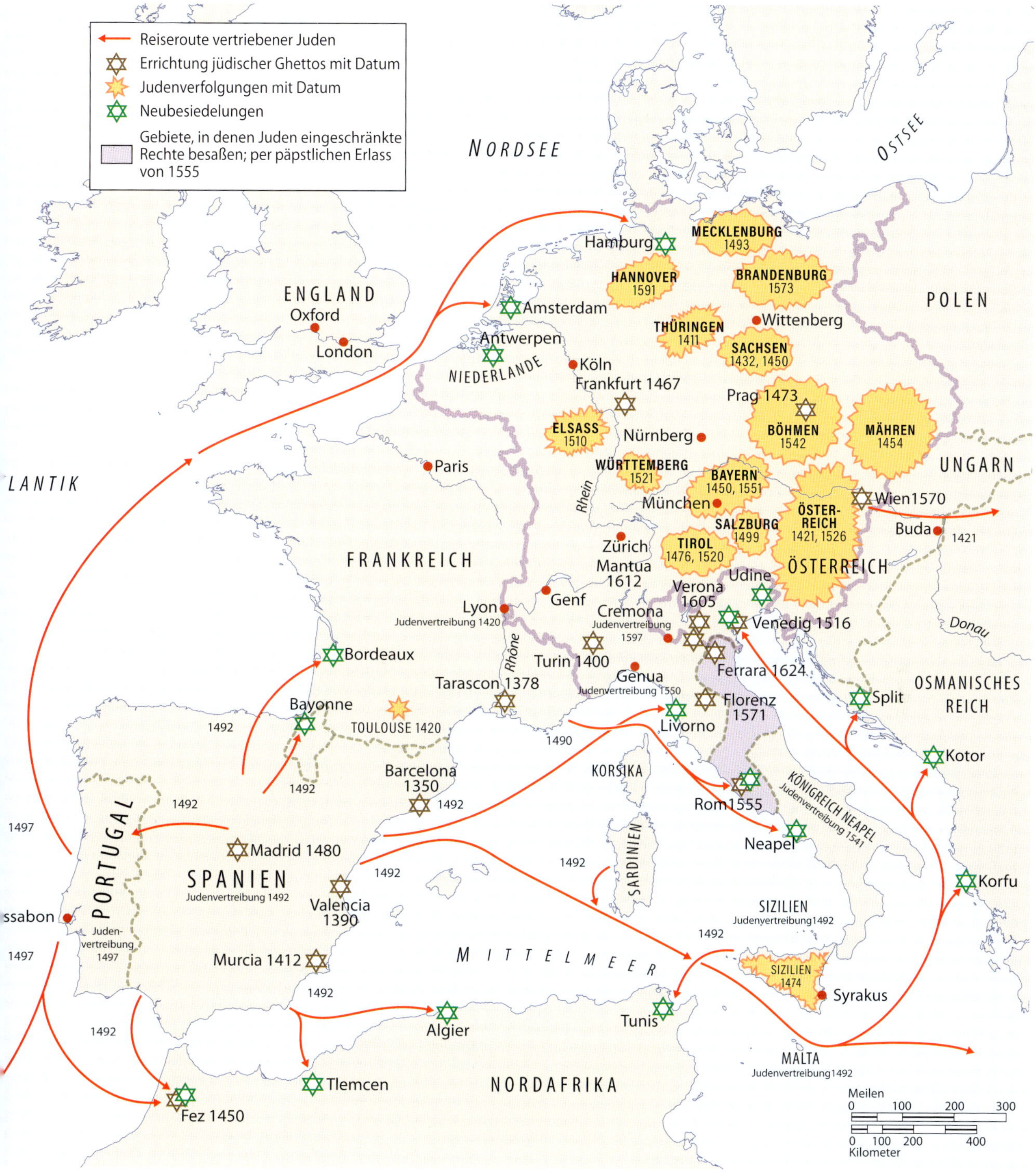

Philipp Melanchthon

Der in Bretten bei Karlsruhe geborene Philipp Melanchthon (1497–1560) war außergewöhnlich begabt: Den Magistergrad der Universität Heidelberg bekam er nur nicht zugesprochen, da er mit 15 noch für zu jung gehalten wurde; im Alter von 17 begann er bereits zu publizieren und 1518, mit 21, übernahm er den Lehrstuhl für Griechische Sprache in Wittenberg. Dort traf er auch Luther – eine Begegnung, die sein Leben veränderte und aus dem überzeugten Humanisten einen Theologen und Reformator machte. In gewisser Weise beeinflusste er mit seiner strukturierten Logik und seinem breiten Geschichtswissen den Protestantismus mehr als Luther es getan hatte.

Melanchthon war einer der größten Befürworter Luthers. Bei der Leipziger Disputation (1519) unterstützte er ihn öffentlich, während Luthers Abwesenheit vertrat und verteidigte Melanchthon ihn in Wittenberg. 1521 verfasste er die erste systematische Darstellung der reformatorischen Lehren: *Loci communes rerum theologicarum* („Grundbegriffe der Theologie"). Ebenso war er an Luthers Bibelübersetzung beteiligt. Beim Marburger Religionsgespräch argumentierte er gegen Zwinglis Verständnis der Eucharistie.

Bei Luther finden sich wenig humanistische Denkeinflüsse, selbst in seiner Bibelauslegung und seinen Kirchenliedern blieb er ganz der Prediger. Melanchthon hingegen vereinte den vermittelnden Argumentationsstil eines Rhetorikers mit der Leidenschaft für die Bildung eines Lehrers.

Er schrieb das Augsburger Bekenntnis (1530), das bis heute das Hauptbekenntnis lutherischer Kirchen ist, auch um die Gemeinsamkeiten zwischen dem katholischen und evangelischen Glauben hervorzuheben. Zudem war er 1540 und 1541 an Religionsgesprächen zur Wiedervereinigung der Christenheit beteiligt. Dabei schien Melanchthon oft bereit zu sein, dogmatische Angelegenheiten um des Friedens willen ruhen zu lassen.

Theologische Auseinandersetzungen mit anderen Lutheranern setzten im sehr zu. 1548, zwei Jahre nach Luthers Tod, war er an der Ausarbeitung des Leipziger Interims beteiligt, in dem unter anderem die lateinische Messe, das Fronleichnamsfest und die Krankensalbung wieder aufgenommen wurde. Er be-

Philipp Melanchthon (1497–1560)

PHILIPP MELANCHTHON UND DIE REFORMATION — Karte 20

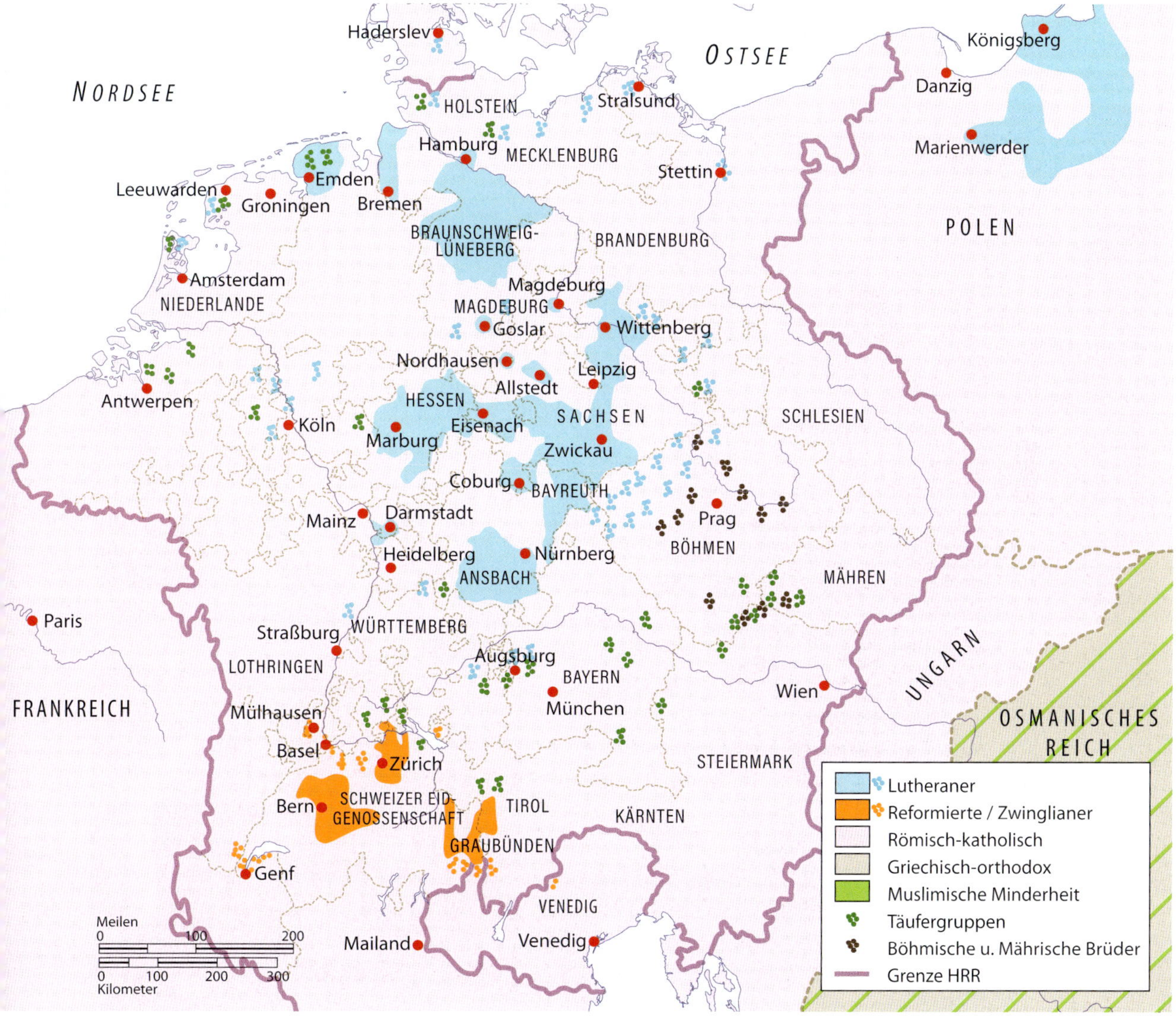

hauptete, dass diese Punkte für den Glauben irrelevant seien (*Adiophora*), stieß jedoch auf viel Widerstand, wie etwa bei Matthias Flacius (1520–1575), der ihn deswegen verurteilte. Die dadurch entstandende Teilung der lutherischen Gemeinde konnte erst durch die Konkordienformel (1577–80) überwunden werden. In 12 Artikeln wurde unter anderem erneut die Unfähigkeit des Sünders zur eigenen Rechtfertigung und Gottes bedingungslose Vorhersehung, in der er die Auserwählten zum Glauben beruft, betont.

Der Protestantismus um 1530

Luther hatte die deutschen Fürsten dazu aufgerufen, die Kirchenreformen aufrechtzuerhalten, wenn der Papst und die Bischöfe dies nicht tun sollten. Jedoch waren die Territorien der Fürsten, die Luther unterstützten, recht begrenzt. Mitte der 1520er Jahre hat der lutherische Glaube einige potentiell katastrophale Ereignisse erleiden müssen. Die Streitigkeiten in Wittenberg hatten zu offenem Konflikt geführt und viele dazu gebracht, sich von der Bewegung abzuwenden, ebenso wie die erbitterte Debatte zwischen Luther und Erasmus bezüglich des freien Willens, den Luther dem Menschen komplett abspricht. Darüber hinaus verloren die Lutheraner durch den Bauernaufstand viele ihrer Unterstützer in den niedrigeren Gesellschaftsständen.

Dennoch konnte sich die Bewegung nach dem Wormser Edikt von 1521 weiter ausbreiten. Karl V. hatte Deutschland verlassen, um sich einem Aufstand in Spanien und der Bedrohung durch Franz I. von Frankreich und Süleyman dem Prächtigen anzunehmen. Erst 1529 kehrte er wieder nach Deutschland zurück. Diese neun Jahre kaiserlicher Abwesenheit waren von unschätzbarem Wert für die Verbreitung und Stärkung der Reformation.

In Karls Abwesenheit traf der Reichstag in Speyer nur vage Entscheidungen hinsichtlich religiöser Fragen: So wurde jedem Fürstentum zugestanden „für sich also zu leben, zu regieren und zu halten, wie ein jeder solches gegen Gott, auch kaiserliche Majestät und das Reich getraue zu verantworten." Fürsten wie Philipp von Hessen (Reg. 1518–67), einer der ersten und treuesten Unterstützer des Protestantismus, nutzten dies, um die lutherische Kirche in ihrem Herrschaftsgebiet weiter zu etablieren. Gebiete wie Sachsen, Hessen, Braunschweig-Lüneberg, Ansbach waren jedoch versprengte Inseln des lutherischen Glaubens und vollständig von katholischen Ländern umgeben.

Das Marburger Religionsgespräch

1529 berief Philipp von Hessen ein Treffen der Reformatoren auf seinem Schloss in Marburg ein. Sein Ziel war es, einen evangelischen Zusammenschluss herbeizuführen. Unter den Teilnehmern befanden sich Luther selbst, Melanchthon, Justus Jonas (1493–1555), der bei der Umstrukturierung der Wittenberger Universität mitwirkte und die Reformation in Halle anführte, Andreas Osiander (1498–1552), ein Prediger aus Nürnberg, Johannes Agricola (1494–1566), Reformator in Frankfurt am Main und Eisleben sowie späterer Generalsuperintendent in Berlin, Johannes Brenz (1499–1570), Reformator aus Württemberg und Hauptverantwortlicher für die Reorganisation der Tübinger Universität, Martin Bucer, Ulrich Zwingli und Johannes Oekolampad, Reformationsführer der Kantone Basel und Bern.

In vielen Punkten waren sich die Gesprächsteilnehmer einig, blieben jedoch geteilter Meinung in ihrem Verständnis um Christi Präsenz im Abendmahl.

Beim Reichstag von 1529 in Speyer versuchte eine katholische Mehrheit, die Ausbreitung der Reformation zu unterbinden und die Akzeptanz katholischer Gläubiger in lutherischen Gebieten durchzusetzen. Dagegen protestierten die evangelischen Fürsten, wodurch der Begriff „Protestant" ins Leben gerufen wurde.

Der Augsburger Reichstag

Im Folgejahr fand der Reichstag in Augsburg statt, auch Kaiser Karl V. war zugegen. Die Protestanten hatten die Hoffnung, dass sich ihre zerstrittenen Parteien auf Basis der in Marburg besprochenen Punkte einigen würden. Die Lutheraner legten dem Reichstag

AUSBREITUNG DES PROTESTANTISMUS UM 1530 Karte 21

die *Confessio Augustana* (Augsburger Bekenntnis) vor, die Städte Straßburg, Konstanz, Memmingen und Lindau die *Confessio Tetrapolitana* und Ulrich Zwingli seine Bekenntnisschrift *Fidei Ratio*. Jedoch wurden sämtliche Schriften von katholischer Seite zurückgewiesen und die Sitzung auf kaiserlichen Befehl hin vertagt. Die protestantischen Fürsten erkannten, dass der Kaiser ein gewaltsames Vorgehen gegen den Protestantismus plante, und formten als Reaktion den Schmalkaldischen Bund.

Als Reaktion auf die Formation einer Allianz deutscher, Rom treu ergebener Fürsten gründete Philipp von Hessen 1531 ein Verteidigungsbündnis von Fürsten und Städten, die der Reformation freundlich gesinnt waren. Der Schmalkaldische Bund, wie er genannt wurde, umfasste Brandenburg, Mecklenburg, Mansfeld, Magdeburg, Nürnberg, Augsburg, Ulm und Straßburg. Auch Prinz Albert von Hohenzollern, Großmeister des Deutschritterordens, trat dem lutherischen Bund bei und mit ihm Ostpreußen.

Aufgrund der drohenden türkischen Invasion und der anhaltenden Konflikte mit Franz I. von Frankreich war Karl V. anderweitig beschäftigt und zudem auf die evangelischen Stände angewiesen. In der Zwischenzeit griff Philipp von Hessen in Württemberg ein, um den protestantischen Herzog Ulrich wieder als Regent einzusetzen, was den Bruder Karls V. dazu zwang, seinen Anspruch auf das Herzogtum abzutreten. Zwischen 1540 und 1541 versuchte Karl V. durch Religionsgespräche in Hagenau, Worms und Regensburg, die Protestanten zurückzugewinnen. Eine Aussöhnung kam jedoch nicht zustande.

1546 kehrte Karl V. mit dem Entschluss nach Deutschland zurück, den Protestantismus endgültig zu unterbinden. Durch den Tod Luthers im selben Jahr und die Isolation (1541) Philipps von Hessen durch die Schließung einer Zweitehe waren die Umstände günstig für Karls Vorhaben.

Der Schmalkaldische Krieg

1547 brach der Schmalkaldische Krieg aus. Der Kaiser konnte die protestantische Armee besiegen und die Anführer Philipp von Hessen und Johann Friedrich, Kurfürst von

Die Donau und der Regensburger Dom

DEUTSCHLAND UM 1555 Karte 22

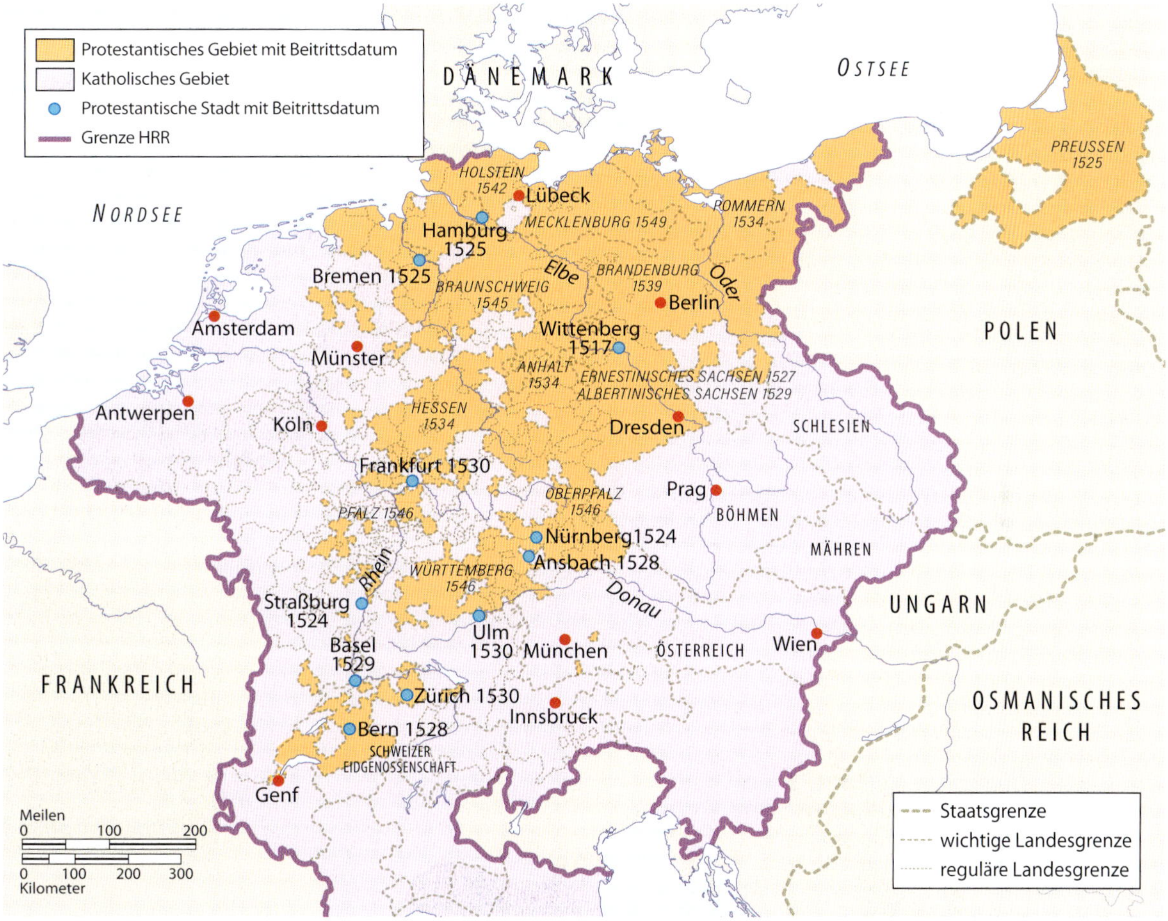

Sachsen, gefangennehmen. Letzterer verlor seine Kurwürde an Moritz von Sachsen, der sich wiederum von der Seite des Kaisers auf die der Protestanten schlug und Karl V. besiegte. Der Passauer Vertrag von 1552 war eine Anerkennung des Protestantismus bis zum nächsten Reichstag. Dieser Reichstag wurde 1555 in Augsburg abgehalten. Er gewährte den Landesherren, sich für den katholischen oder lutherischen Glauben zu entscheiden. Andersgläubigen wiederum wurde die Umsiedlung gestattet. Dieser Augsburger Religionsfriede von 1555 fiel ungleich günstiger für den Protestantismus aus als der Reichstag zu Speyer 1529.

Ulrich Zwingli

Der Schweizer Reformator Ulrich Zwingli (1484–1531) wurde in Wildhaus, im Nordosten der Schweiz geboren. Seine Ausbildung führte ihn in die Städte Basel, Bern und Wien. Während seines Pfarramts in Glarus (1506–16) lernte er Griechisch und möglicherweise Hebräisch, zudem setzte er sich mit den Kirchenvätern auseinander. Als Feldpfarrer einer Schweizer Söldnereinheit war er bei den Schlachten von Novara (1513) und Marignano (1515) zugegen – eine Erfahrung, die dazu führte, dass er dem Einsatz von Söldnerheeren später entschieden kritisch gegenüberstand.

1516 traf Zwingli auf Erasmus von Rotterdam, dessen humanistische Lehren ihn stark beeinflussten. Nach einer gezwungenen Versetzung nach Einsiedeln entwickelten sich bei ihm in der Auseinandersetzung mit den Missständen in der Kirche die ersten protestantischen Glaubenszüge. 1518 wurde er Leutpriester des Grossmünsters in Zürich, wo er viel über das Neue Testament lehrte und in Zusammenarbeit mit dem Stadtrat Reformen durchsetzte. Luthers Schriften und sein Beispiel verwandelten ihn, den Kritiker von Kirchenkorruption, in einen leidenschaftlichen Reformator, der Zürich für die Sache der Reformation gewinnen wollte. Nach einer erfolgreichen Disputation in Bern im Jahr 1528 traten auch die Städte Basel, St. Gallen, Schaffhausen und Konstanz der Reformationsbewegung bei.

Zwingli war auch ein enger Freund und Vertrauter Philipps von Hessen, dem einflussreichsten protestantischen Fürsten Deutschlands. Beide hofften auf ein protestantisches Bündnis, das die Reformation gegen den

Ulrich Zwingli (1484–1531)

Grossmünster in Zürich

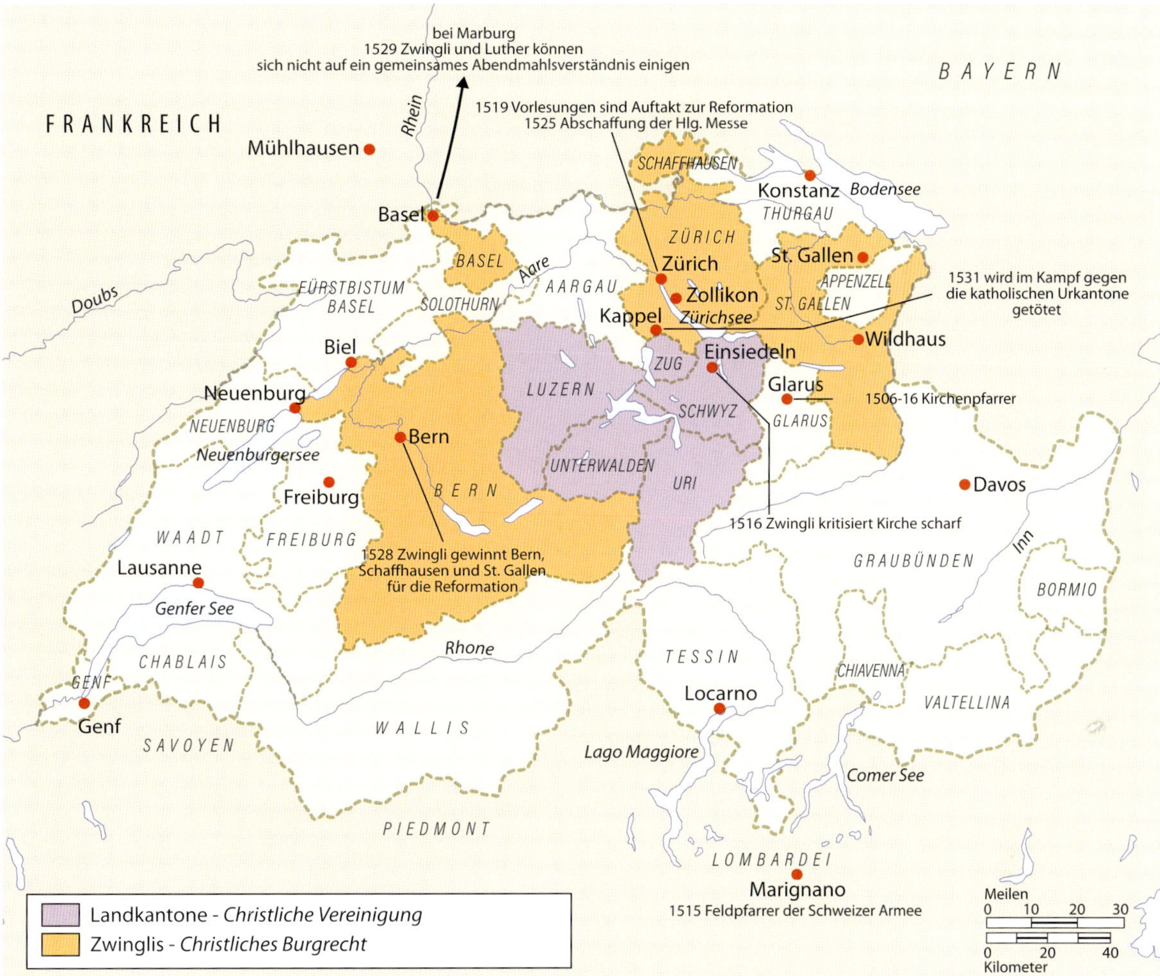

Papst, den Kaiser, die katholischen Fürsten und das Osmanische Reich verteidigen sollte. Mit dem Marburger Religionsgespräch von 1529 starb dieser Traum jedoch, denn Luther lehnte einen Zusammenschluss mit den Schweizer und Straßburger Protestanten ab: Beide Gruppierungen verwarfen zwar die Transsubstantiation, die Wandlung von Brot und Wein in Christi Leib und Blut. Jedoch ist für Luther Christus leibhaftig gegenwärtig, wohingegen Zwingli Christi Gegenwart symbolisch versteht. Aufgrund dieser unüberbrückbaren Differenzen konnte die Schweizer Reformation nicht auf die Unterstützung der deutschen Fürsten zählen. Zwingli versuchte, die evangelische Lehre in der ganzen Eidgenossenschaft zu etablieren.

Wegen einer von den protestantischen Kantonen verhängten Lebensmittelsperre brach der Zweite Kappelerkrieg aus und die katholischen Urkantone zogen in den Krieg. Zwingli kam 1531 bei der Schlacht von Kappel ums Leben.

Martin Bucer

Martin Bucer (1491–1551) wurde in Schlettstadt im Elsaß, etwa 40 Kilometer südlich von Straßburg, geboren. Mit 15 wurde er Novize im Dominikanerorden und begann später, sich für den Humanismus und Luther zu interessieren. 1521 verließ er den Orden, betätigte sich als reformatorischer Prediger und heiratete 1522 die einstige Nonne Elisabeth Silbereisen (ca. 1495–1541). Im Folgejahr musste er Zuflucht in Straßburg suchen, wo er Anführer der Reformation wurde und 1531 Präsident des Kirchenkonvents.

In Straßburg führte er Diskussionen und öffentliche Streitgespräche mit radikalen Reformationsanhängern. Um das geistliche Leben unter Predigern und Laien zu verbessern, veranstaltete er Haustreffen. In einem Zeitalter, das von Konflikten und Hass geprägt war, fiel Bucer durch seine Barmherzigkeit und seinen Einsatz für die Einheit der Kirche besonders auf. Er wurde zu einem der wichtigsten Vertreter der Reformation und nahm an den wichtigen Treffen und Religionsgesprächen teil. Beim Marburger Gespräch versuchte er eine Einigung der Schweizer und deutschen Reformationsbewegungen zu erzielen, indem er zwischen Zwingli und Luther vermittelte. Auch bei den letztlich erfolglosen Gesprächen mit der katholischen Kirche in Hagenau, Worms und Regensburg war er zugegen.

Hessen

Bucer war auch als Berater des Landgrafen Philipp I. an der Reformation in Hessen tätig und verfasste für das Land eine Kirchenordnung. Nach einer Reihe freundlicher Debatten mit der Täuferbewegung in Hessen kehrten 1538 mehrere hundert Täufer wieder in die protestantische Gemeinschaft zurück. Eine solche Umkehr war einmalig im 16. Jahrhundert, in dem Regenten Täuferbewegungen üblicherweise auswiesen, verfolgten oder hinrichten ließen.

Bucer unterstützte auch den Erzbischof und Kurfürsten von Köln, Hermann von Wied (1477–1552), in seinem erfolglosen Versuch, die Kirche in Köln zu reformieren. Zudem entwickelte Bucer einen evangelischen Konfirmationsritus, dessen Anwendung sich von Straßburg aus in Deutschland, in der Schweiz und später selbst in der anglikanischen Kirche verbreitete.

Martin Bucer (1491–1551)

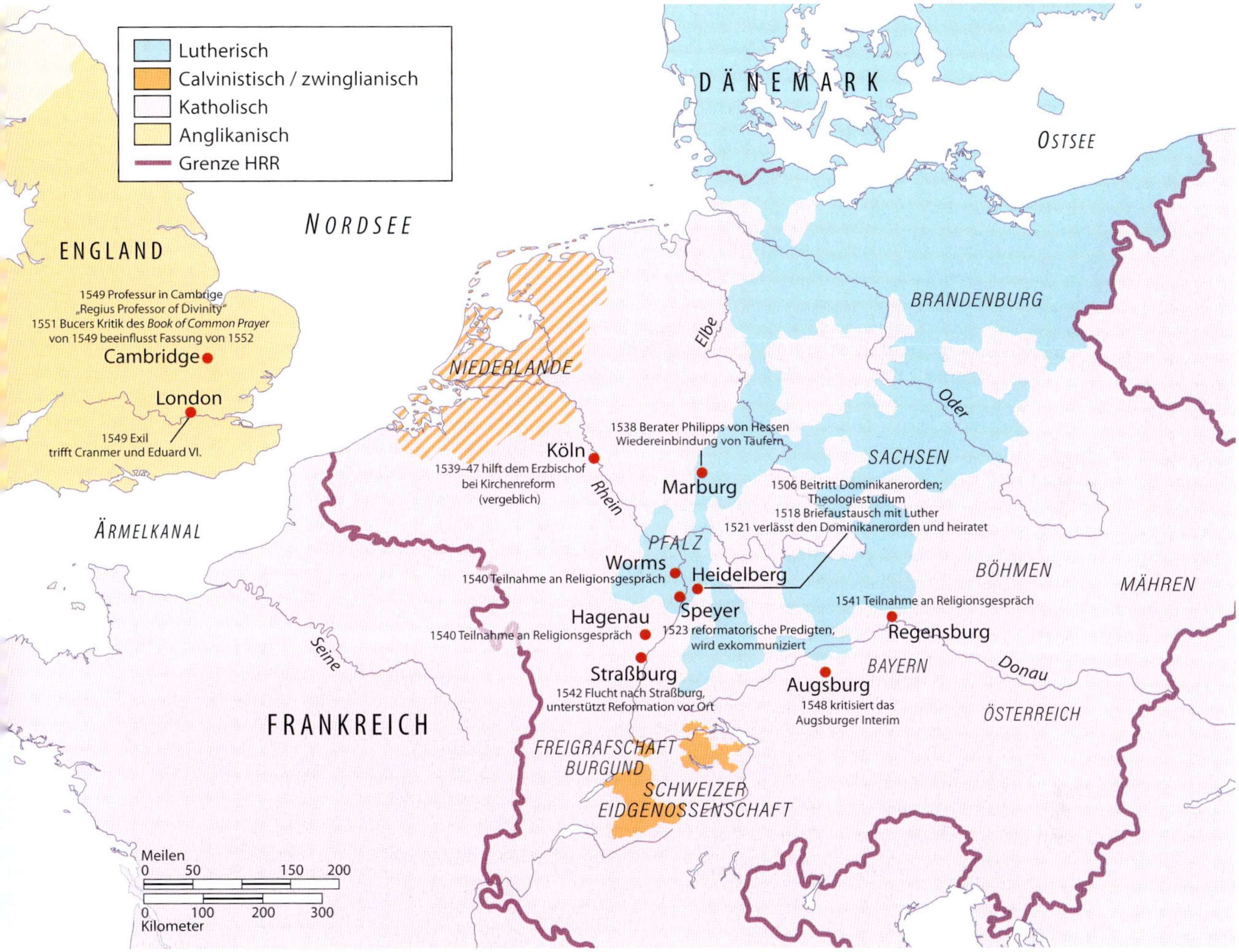

Cambridge

Nachdem Bucer dem Augsburger Interim und damit der Aufforderung zu einer Rekatholisierung öffentlich widerstand, floh er nach Cambridge. Zu dieser Zeit lud Erzbischof Cranmer von Canterbury gerade viele Reformatoren, die in Europa auf der Flucht waren, besonders nicht lutherisch geprägte Reformatoren wie Peter Martyr Vermigli (1499–1562) oder Johannes a Lasco (1499–1560), nach England ein. Mit Bucer hatte der Erzbischof schon einige Jahre zuvor in heimlichem Briefkontakt gestanden. Mit seiner und Vermiglis Hilfe erstellte Cranmer 1552 eine stärker reformatorisch beeinflusste Fassung des „Book of Common Prayer". Martin Bucer starb 1551 in Cambridge. Unter Maria Tudor und der Wiedereinsetzung des Katholizismus wurden seine Überreste exhumiert und verbrannt. 1560 wurde er jedoch von Elisabeth I. rehabilitiert.

Johannes Calvin

Der Genfer Reformator Johannes Calvin (Jean Cauvin; 1509–64) nahm bedeutenden Einfluss auf die reformierte Tradition des Protestantismus – die bereits durch Reformatoren wie Zwingli, Bullinger, Bucer, Oekolampad und Vermigli geprägt worden war. Der in Noyon im Norden von Frankreich geborene Calvin war im Gegensatz zu Luther ein ruhiger, sensibler Mensch, der jedoch einen eisernen Willen besaß. Er studierte Latein und Philosophie in Paris, Rechtswissenschaften in Orléans und Bourges, wo er auch Griechisch lernte. In Paris kam Calvin mit den Lehren Luthers in Berührung. Er erlebte eine Umkehr und schrieb: „Gott aber hat mein Herz, das für mein Alter schon recht verstockt war, durch eine unmittelbare Verwandlung zur Gelehrigkeit bekehrt." Nach seinem Bruch mit dem katholischen Glauben floh er 1533 aus Paris und fand Zuflucht in Angoulême, Noyon und Orléans. Er verließ Frankreich und reiste nach Basel. Dort fing er an, seine Theologie in Worte zu fassen. 1536 veröffentlichte er die erste Ausgabe seines *Christianae Religionis Institutio* („Unterweisung in christlicher Religion"), einer kurzen, klaren Darstellung reformierter Glaubensgrundlagen.

1536 machte Calvin auf seinem Weg nach Straßburg Halt in Ferrara, wo ihn Wilhelm Farel (1489–1565), ein Genfer Reformator, darum bat, die Reformation in Genf zu unterstützen. Jedoch waren die Einwohner Genfs feindlich gegenüber Calvins Bemühungen eingestellt. Mehrere Streitgespräche und ein Konflikt mit der Stadt Bern führten dazu, dass Calvin und Farel 1538 aus Genf vertrieben wurden. Calvin floh nach Straßburg, wo er auf Martin Bucer traf, der ihn förderte und unterstützte. Die Jahre, in denen Calvin sich um geflohene französische Protestanten kümmerte und Theologie unterrichtete, gehörten zu seinen freudigsten. März 1540 veröffentlichte er seinen Kommentar zum Römerbrief, dem weitere Kommentare folgen sollten, ebenso wie eine neue, erweiterte Fassung seiner *Institutio*. In der engültigen Fassung von 1559 waren aus den sechs anfänglichen Kapiteln 80 geworden. Calvin arbeitete sehr systematisch. Er griff die Gedanken der ersten Generation von Reformatoren auf und strukturierte sie neu für die gegenwärtige Situation.

Rückkehr nach Genf

September 1541 wurde Calvin eingeladen, nach Genf zurückzukehren. Sein Ziel war es, eine strenge Kirchenzucht einzuführen, um

Johannes Calvin (1509–1564)

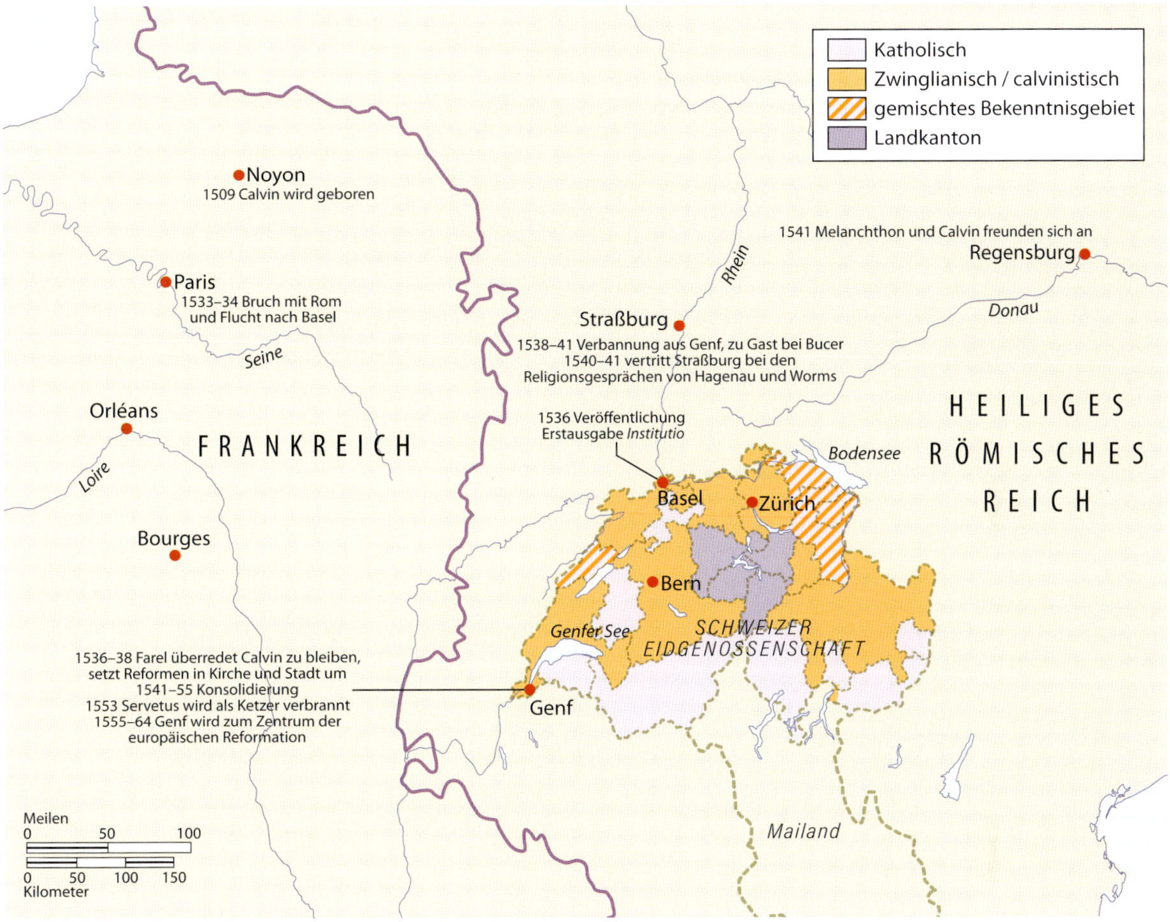

eine „reifere" Kirche zu erschaffen. Zu diesem Zweck predigte er täglich. Jedoch waren viele von seinen strengen Prinzipien abgeschreckt, vor allem weil sie ihnen von einem Nicht-Genfer auferlegt wurden.

Calvin widmete sich auch der Aufgabe, die Differenzen unterschiedlicher protestantischer Zweige beizulegen. Mit dem *Consensus Tigurinus* (verfasst mit Heinrich Bullinger), einer Verständigung zur Bedeutung des Abendmahls, wurde eine Annäherung der Schweizer Kirchen geschaffen.

1553 wurde der Spanier Michael Servetus, ein bekannter Kritiker Calvins und der Trinitätslehre, in Genf festgenommen und auf dem Scheiterhaufen verbrannt. Servetus war bereits auf der Flucht vor der Inquisition gewesen und als Häretiker zum Tode verurteilt.

Calvin wollte eine sichtbare „Stadt Gottes" in Europa aufbauen, mit Genf als Ausgangspunkt. Er gründete eine Akademie, die von Studenten aus ganz Europa, besonders Frankreich, besucht wurde. Calvin blieb bis zum Ende seines Lebens in Genf und bildete Missionare aus, die die Reformation weiter verbreiten sollten, vor allem in Frankreich.

Die Schweizer Reformation

Um 1513 bestand die Schweiz aus 13 Kantonen – sieben städtischen und sechs ländlichen – und einigen Partnerstaaten. Im Lauf des 15. Jahrhunderts hatte sie einige militärische Siege gegen Burgund, Mailand und selbst das Heilige Römische Reich errungen, womit das Land im Grunde unabhängig war. Jeder Kanton war im Bezug auf Politik und Religion völlig autonom.

Die Reformation begann in Zürich zur gleichen Zeit wie in Deutschland, geschah aber unabhängig. 1528 waren Bern, Basel (unter Johannes Oekolampad), St. Gallen und Schaffhausen der Reformation Zwinglis beigetreten. Kurz darauf konnte Wilhelm Farel die Bewegung auch in Neuenburg und Genf etablieren. 1524 schlossen sich die traditionell konservativeren Landkantone zu einem Bund zusammen, um sich gegen die Reformation zu wehren. Nach Zwinglis Tod bei der Schlacht von Kappel übernahm Heinrich Bullinger (1504–75) dessen Nachfolge. Er erarbeitete zusammen mit Johannes Calvin das Abendmahlsabkommen *Consensus Tigurinus* und eigenständig das *Zweite Helvetische Bekenntnis* (1566), das die deutsch- und französischsprachigen Reformierten vereinte und später auch von nicht-lutherischen Kirchen in Schottland, Frankreich, Polen und Ungarn verwendet wurde. Bullingers Rolle in der Reformation wurde bisher unterschätzt, vor allem in England scheint sein Einfluss größer als der Calvins gewesen zu sein.

REFORMATION IN DER SCHWEIZ — Karte 26

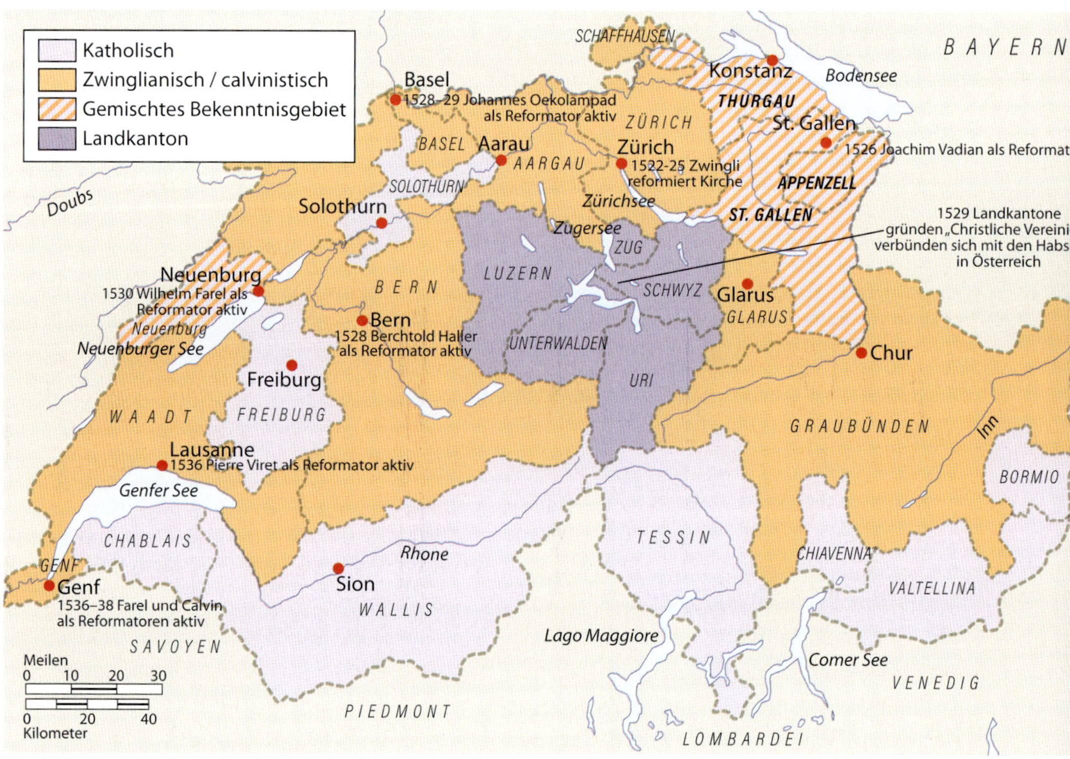

Ausbreitung des Calvinismus

Johannes Calvin wollte Genf zum Modell einer reformierten Stadt machen, was ihm durch seine Arbeit und die Gründung der Akademie zur Ausbildung von Reformatoren für Westeuropa auch gelang. Aus der Akademie wurde die Universität von Genf. Die Stadt wurde auch zum Zentrum des Buchdrucks im protestantischen Europa. Mehr als 30 Druckerpressen druckten Werke in unterschiedlichen Sprachen. Calvins Katechismus, die *Institutio*, wurde schnell das Standardwerk der reformierten Kirche. Der schottische Reformator John Knox nannte Genf „die beste christliche Schule auf Erden seit der Zeit der Apostel".

1555 hatte der Calvinismus bereits weitreichenden Einfluss, war jedoch nicht offiziell akzeptiert, außer in Genf und dem kleinen Köngreich von Navarro auf der französischen Seite der Pyrenäen.

In Frankreich, Calvins Heimat, wuchs die Bewegung rasant. Viele französische Protestanten reisten nach Genf, um dort an der Akademie zu lernen und Calvins Theologie wieder mit nach Hause zu nehmen. 1559 hatte die Akademie noch 162 Studenten, 1564 waren es bereits mehr als 1.500; die meisten von ihnen aus dem Ausland. Die ersten hugenottischen Geistlichen wurden 1553 in Frankreich aktiv. Zum Zeitpunkt von Calvins Tod gab es schätzungsweise zwei Millionen Franzosen, die sich zum reformierten Glauben bekannten.

Der Calvinismus konnte sich auch früh in den Niederlanden ausbreiten. Die ersten reformierten Geistlichen kamen in den 1550er Jahren dort an und fanden in den aus Frankreich geflohenen Hugenottenpredigern erste Unterstützung. Anfänglich wurden jedoch kaum Fortschritte erzielt, weil die jeweiligen Regenten heftigen Widerstand leisteten. Die ersten Hochburgen des Calvinismus waren Antwerpen, Gent und Regionen, die nah an Deutschland lagen. Von dort aus breitete er sich langsam in den Norden aus.

Beim Augsburger Religionsfrieden wurde der calvinistische Glaube den deutschen Fürsten nicht als Wahlmöglichkeit gelassen, was Zündstoff für die nächsten Jahrzehnte bot. Über die Niederlande gelangte er erst nach Deutschland

Reformationsdenkmal, Genf: (von l. n. r.) Wilhelm Farel, Johannes Calvin, Theodore Beza, John Knox

und entwickelte sich im abgrenzenden Rheinland und in Westfalen zu einer Volksbewegung. Manche Lutheraner, unter ihnen Philipp Melanchthon, nahmen calvinistische Ideen auf. Nach Luthers Tod traten einige von Melanchthons Anhängern der reformierten Kirche bei.

1562 machte Pfalzgraf Friedrich der Fromme (Reg. 1559–76) den Calvinismus zur offiziellen Landesreligion seiner Herrschaftsgebiete und befahl die Verfassung des reformierten Heidelberger Katechismus (1563). Der Großteil Deutschlands blieb jedoch nach wie vor lutherisch. Im frühen 17. Jahrhundert konvertierte auch Johann Sigismund (Reg. 1608–19), Kurfürst von Brandenburg, vom lutherischen zum reformierten Bekenntnis. Nach einem erbitterten Streit innerhalb seines Herrschaftsgebiets erlaubte er jedoch beide Konfessionen.

Mitte des 16. Jahrhunderts war unter dem Schutz der transsilvanischen Fürsten auch in Ungarn eine einflussreiche protestantische Glaubensbewegung entstanden. Unter calvinistischem Einfluss wurde diese Kirche presbyterianisch und fortan von hierarchisch geordneten, gewählten Leitungsgremien bzw. Presbyterien bestimmt.

1550 breitete sich der Calvinismus zum ersten Mal in Polen aus. Um ihre eigene Macht zu vergrößern, bestachen die opportunistisch gesinnten Adligen des Landes die Bevölkerung mit einer Ausweitung religiöser Rechte. Der litauische Adlige Mikolaj „der Schwarze“ Radziwiłł und der polnische Reformator Johannes a Lasco (1499–1560) waren maßgeblich an der Ausbreitung des Calvinismus beteiligt.

Sprachrohr der reformatorischen Bewegung in Schottland war John Knox (1513–72), der Calvins Prinzipien aus Genf mitbrachte. Nach der Thronbesteigung Elisabeths I. wandte sich eine calvinistische Minderheit ab, da ihnen die religiösen Reformen der Königin zu moderat waren. Sie wurden allgemeinhin abschätzig als „Puritaner“ bezeichnet.

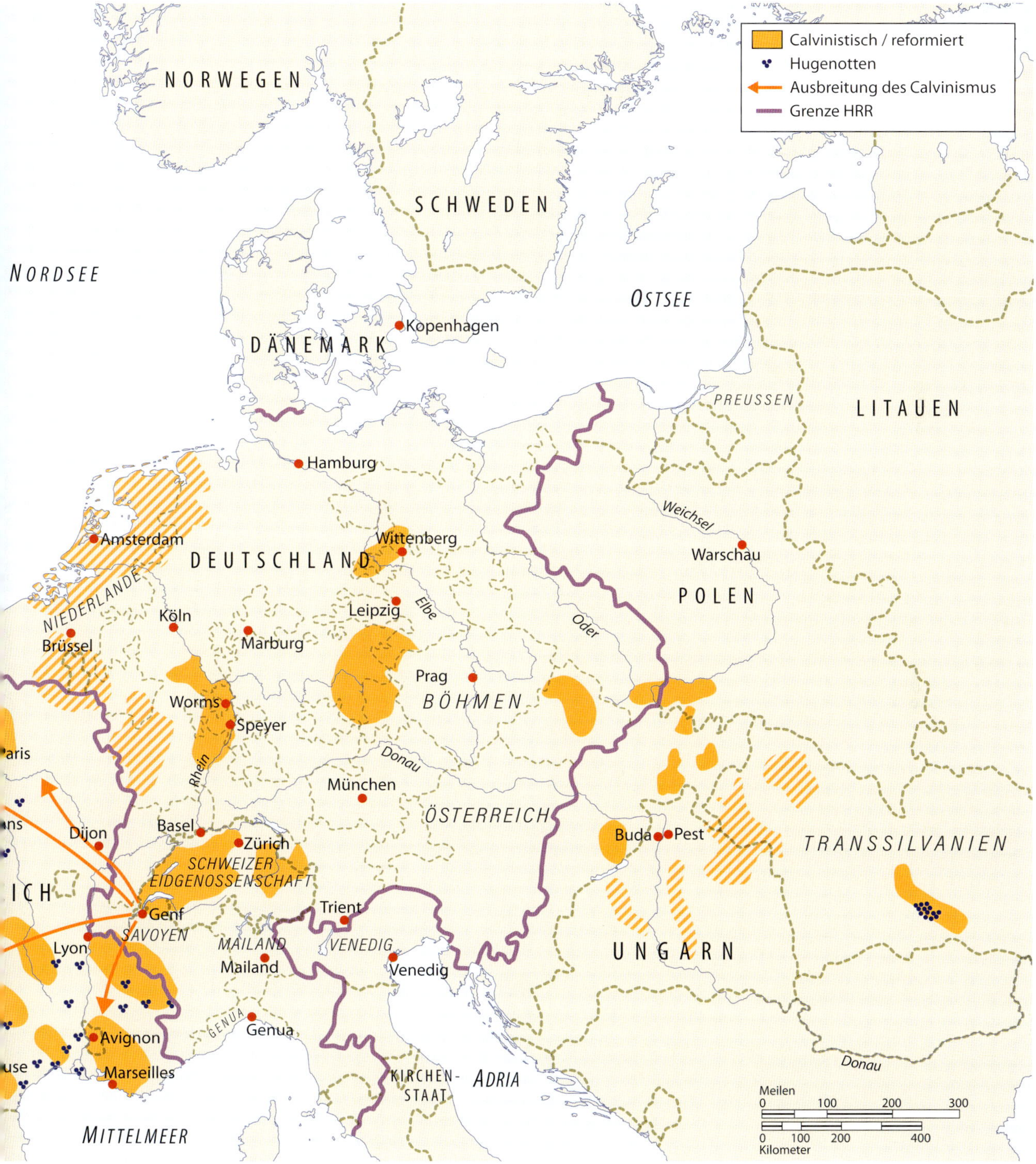
Calvinistisch / reformiert
Hugenotten
Ausbreitung des Calvinismus
Grenze HRR
NORWEGEN
SCHWEDEN
NORDSEE
OSTSEE
DÄNEMARK
Kopenhagen
PREUSSEN
LITAUEN
Hamburg
Weichsel
Amsterdam
Wittenberg
Warschau
DEUTSCHLAND
NIEDERLANDE
POLEN
Köln
Leipzig
Elbe
Oder
Brüssel
Marburg
Prag
BÖHMEN
Worms
Speyer
Paris
Rhein
Donau
München
ÖSTERREICH
Basel
Zürich
Dijon
Buda
Pest
TRANSSILVANIEN
SCHWEIZER EIDGENOSSENSCHAFT
Genf
Trient
SAVOYEN
MAILAND
VENEDIG
Lyon
Mailand
Venedig
UNGARN
GENUA
Genua
Avignon
Donau
Marseilles
KIRCHEN-STAAT
ADRIA
Meilen
0 100 200 300
0 100 200 400
Kilometer
MITTELMEER

Die Reformation in Frankreich

Während des 14. Jahrhunderts wurde das Papsttum überwiegend von französischen Königen kontrolliert und Pariser Theologen konnten von sich behaupten, intellektuelle Vorreiter der westlichen Kirche zu sein. Aufgrund des schwindenden englischen Einflusses in Frankreich konnte der französische Nationalismus aufblühen. Es war eine Zeit, in der sich der König Frankreichs als Rex Christianissimus, der „allerchristlichste König", bezeichnete.

Mit einer geerbten, starken, zentralisierten Monarchie als Grundlage konnte Franz I. einen Friedensvertrag mit der Schweiz abschließen und ein Konkordat mit dem Papst unterzeichnen, das dem König das Recht gab, Bischöfe und Äbte zu ernennen. Eine Einigung mit Heinrich VIII. von England verschaffte Franz I. zusätzlich den Freiraum, Krieg mit Karl V. zu führen. Davon profitierte der Protestantismus indirekt, da der Kaiser durch die militärische Bedrohung Frankreichs abgelenkt war.

Französische Humanisten

Der Nährboden für reformatorische Gedanken in Frankreich wurde von zwei Humanisten bereitet: Jacques Lefèvre d'Étaples (ca. 1455–1536), dessen Werke auf viele von Luthers Lehren vorgriffen, und Guillaume Budé (1467–1540). 1523 wurde Lefèvre vom Bischof von Meaux, Guillaume Briçonnet, dazu eingeladen, kostenlose Ausgaben seines französischen Neuen Testaments zu verteilen, kämpferische Predigten zu halten und damit religiöse Erneuerung in der Diözese des Bischofs zu fördern. Lefèvres Reformbemühungen blieben im Rahmen der existierenden kirchlichen Strukturen und griffen nie die Autorität des Papstes an. Die Gruppe von Reformern um Lefèvre erhielt Unterstützung von der Schwester des Königs, Margarete von Navarra.

Als Franz I. im Februar 1525 von Karl V. gefangengenommen wurde, übernahm seine Mutter Louise die Regentschaft. Ihre feindliche Haltung gegenüber Reformen führte dazu, dass Lefèvre und andere aus dem Land flohen. Nach der Freilassung Franz I. ein Jahr später kehrte auch Lefèvre zurück, jedoch wurde das Experiment von Meaux nicht wiederholt.

Plakataffäre

Der 18. Oktober 1534 stürzte die Reformation in Frankreich in eine Krise. An diesem Tag fanden die Pariser auf vielen öffentlichen Plätzen Plakate (*placards*), die den „fürchterlichen, unerträglichen Missbrauch der päpstlichen Messe" denunzierten. Daraufhin wurden die Verantwortlichen hingerichtet

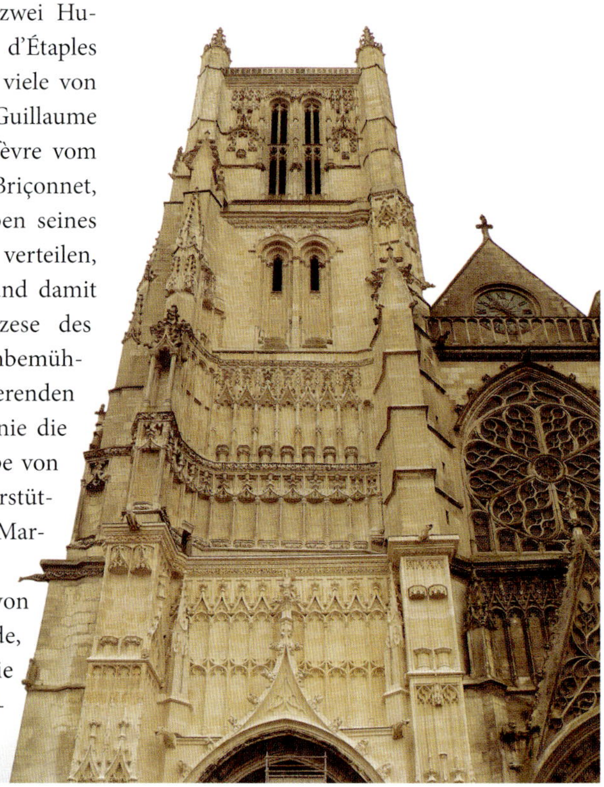

Kathedrale von Saint-Étienne in Meaux, Frankreich

FRANZ I. UND DIE REFORMATION IN FRANKREICH

Karte 28

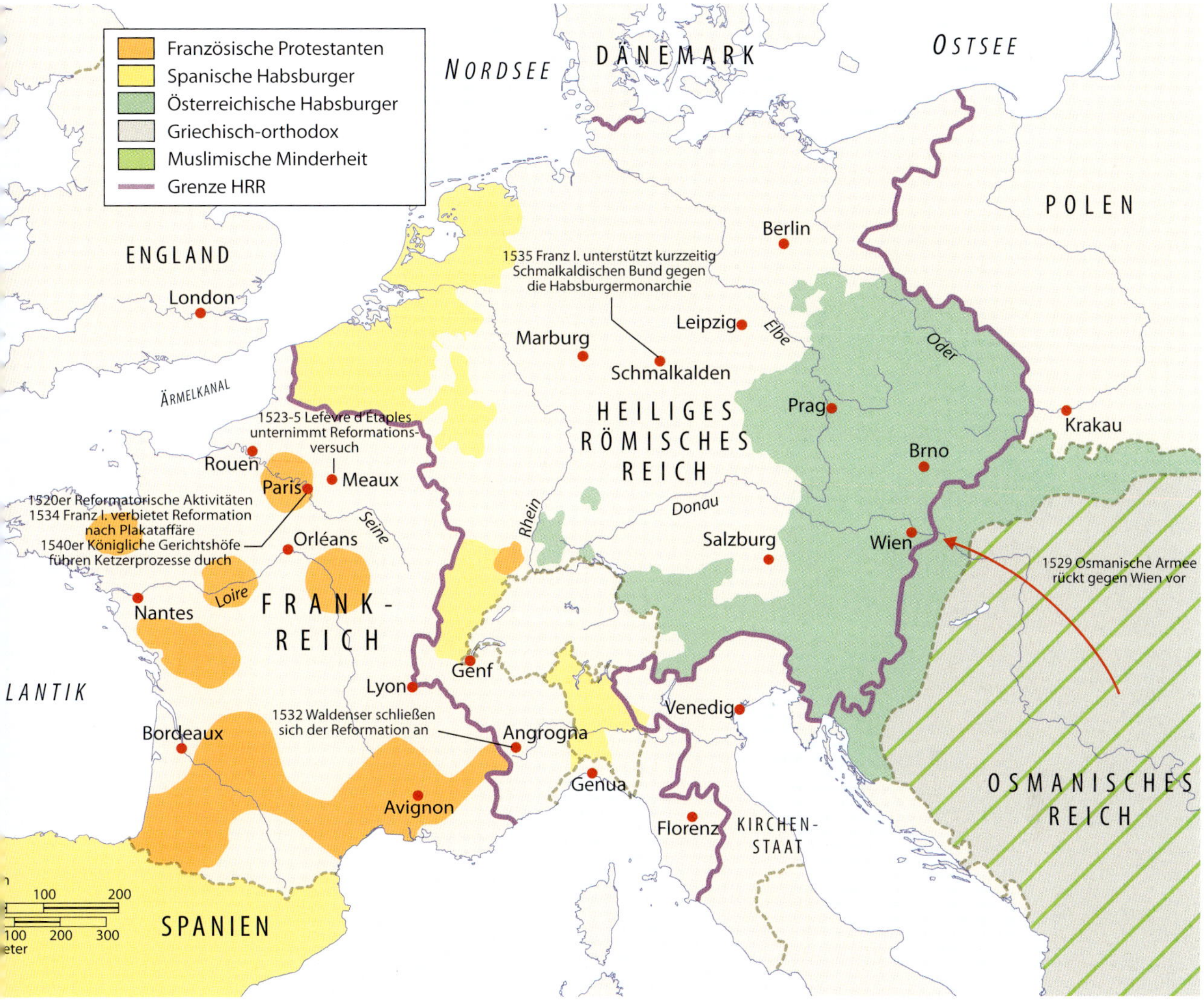

und verfolgt. DasPlakat war das Werk eines französischen Predigers im Exil in Neuchâtel und wurde durch ein Netzwerk von Schweizer Protestanten beeinflussten Reformatoren verteilt. Johannes Calvin musste Paris bereits 1533 verlassen, da er ein Freund des Universitätsrektors und Reformationsbefürworters Nicolas Cop war. Diese Vorfälle stimmten den König unnachgiebiger gegenüber der Reformation.

Viele der Reformatoren machten unter dem Schutz der Konformität weiter. Darin folgten sie Lefèvre. Die Priester und Ordensbrüder hielten Reformationspredigten, manchmal auch vor großen Mengen, und organisierten im Privaten Gebets- und Studientreffen. Sie entgingen der Verfolgung, indem sie trotzdem die Beichte abnahmen und die Heilige Messe feierten. Calvin kritisierte diese Taktik scharf.

Die Skandinavische Reformation

Zwischen 1397 und 1523 vereinte die Kalmarer Union Skandinavien unter dem Banner eines Monarchen, der drei Köngreiche Dänemark, Schweden (einschließlich Finnland) und Norwegen (einschließlich Island, Grönland und den Faröer Inseln) regierte. 1520 führte Gustav I. Wasa eine erfolgreiche Rebellion an und wurde König eines unabhängigen Schwedens. Unter seiner Herrschaft entwickelte sich das Land zu einer der stärksten Fraktionen im Baltikum.

Evangelisches Gedankengut erreichte Schweden durch die beiden Brüder Olaus und Lorenz Petri (Olof, 1493–1552; Laurentius, 1499–1573) mit der Unterstützung ihres Zeitgenossen Lorenz (Laurentius) Andreae (ca. 1470–1552). Beide Brüder waren Anhänger Luthers und verbreiteten seine Theologie in die Kirche Schwedens. 1527 war die Reformation bereits gesetzlich verankert. Die Ländereien der Kirche wurden säkularisiert und die Bischöfe der alten Kirche in das Gefüge der neuen untergebracht. Auf der Synode von Uppsala, 1593, wurde das Augsburger Bekenntnis als die einzige Glaubensgrundlage der Kirche anerkannt und die Reformation damit abgeschlossen.

Dänemark

Um 1500 besaß die Kirche rund ein Drittel des dänischen Territoriums. Die 1478 gegründete Universität von Kopenhagen entwickelte sich zu einem frühen Zentrum reformatorischen Protests. 1524 gab der im Exil lebende König Christian II. eine (umstrittene) dänische Übersetzung des Neuen Testaments in Auftrag. Doch auch der Regent Friedrich I. (Reg. 1524–33) duldete Prediger, die unter Luther in Wittenberg studiert hatten, wie Hans Tausen (1494–1561) und Jørgen Sadolin (ca. 1490–1559). Viele Katholiken konvertierten.

Die Thronbesteigung Christians III. (Reg. 1534–59) vollendete den Übertritt Dänemarks zum Protestantismus. Auf dem Reichstag von Kopenhagen (1536) konfiszierte er den Besitz der Bischöfe und legte das Vermögen der Kirche in Staatshand. Er bat Luther um Unterstützung, der 1537 Johannes Bugenhagen nach Dänemark schickte, um den König zu krönen und sieben Superintendenten zu ernennen. In den Folgejahren wurde die Kirche durch Synodalbeschlüsse geordnet und die Reformation offiziell in der dänischen Gesetzgebung anerkannt. Die Kopenhagener Universität wurde vergrößert, eine neue protestantische Liturgie verfasst und eine Bibelübersetzung fertiggestellt.

Norwegen

1537 versuchte Christian die Reformation auch im dänisch beherrschten Norwegen durchzusetzen, fand jedoch nur wenig Rückhalt in der Bevölkerung. Viele Bischöfe flohen und die verbliebenen älteren Kirchenfunktionäre wurden nach ihrem Tod einfach durch reformatorisch gesinnte Geistliche ersetzt. 1571 wurde Jørgen Eriksson, der „Luther Norwegens“, zum Bischof von Stavanger ernannt, jedoch konnte sich eine protestantische Kirche erst drei Jahre nach seinem Tod richtig etablieren.

Island

Auch in Island verbannte Christian III. die römisch-katholischen Bischöfe des Landes und nahm ihren Besitz. Jedoch schürte sein Versuch, ein Kirchensystem nach dänischem Vorbild einzuführen, anfänglich nur Unmut und verursachte einen Aufstand, bevor es ihm gelang, die Reformation in Island zu etablieren. Ein eigenes isländisches Gesangbuch (1589) und eine Bibelübersetzung (1584), beide von Bischof Guðbrandur Þorláksson angefertigt, wurden als Schritt zur Bewahrung der altisländischen Sprache angesehen und steigerten die Popularität der Reformation.

Holar
ISLAND
1533 Deutsche Lutheraner gründen Kirche
1539-41 Christian III. von Dänemark setzt Reformation durch
Königreich Schweden
Dänemark-Norwegen
Bistum
Erzbistum
Stadt
KÖNIGREICH SCHWEDEN
NORDSEE
Trondheim
DÄNEMARK-NORWEGEN
1529 - Mikael Agricola verbreitet lutherisches Gedankengut
1527 – Der Lutheraner Olaus Petri übt Einfluss auf den schwedischen König aus
1531 – Gustav I. unterstützt lutherische Reformation
1548 Drucklegung von Agricolas finnischem Neuem Testament
Hamar
Bergen
Oslo
Turku
Helsinki
Uppsala
Vasteras
1531 Lorenz Petri wird erster lutherischer Erzbischof
Strängnas
Stockholm
Stavanger
Linköping
1540 Veröffentlichung des isländischen Neuen Testaments
Växjo
Viburg
Aarhus
OSTSEE
1542-61 Hans Tausen, der „dänische Luther", dient als Bischof
Ribe
Roskilde
Lund
Kopenhagen
Schleswig
1527–33 Friedrich I. unterstützt lutherische Reformen
1536 Übernahme des Augsburger Bekenntnisses
1537 Bugenhagen, der (zweite) „Apostel des Nordens", führt lutherische Kirchenordnung ein
Meilen
0 100 200 300
0 100 200 400
Kilometer
DEUTSCHLAND

Auflösung der englischen Klöster

Die größte sichtbare Veränderung, die von der Reformation Heinrichs VIII. ausging, war die Zerstörung religiöser Einrichtungen. 1532 gab es in England und Wales etwa 800 kirchliche Einrichtungen. 1540 waren alle verschwunden. Die Klöster stellten die Hälfte des kirchlichen Besitzes in England dar und waren tief in ihren Ortsgemeinschaften verwurzelt. Die Geschichtswissenschaftlerin Joyce Youings bezeichnete diesen massiven Besitzwechsel von Ländereien als eine Landnahme, die der normannischen Eroberung 1066 in nichts nachstand.

Heinrich war davon überzeugt, dass die Kirche sich auf Kosten der Krone bereichert hatte. 1536 wurde deshalb ein Gesetz verabschiedet, dass kleinere, unbedeutendere Klöster zur Schließung freigab. Etwa die Hälfte davon wurde aufgelöst. Die betroffenen Mönche wurden entweder in größere Klöster verlegt oder mit einer Abfindung bezahlt. Sie arbeiteten als Landarbeiter weiter auf den nun der englischen Krone gehörenden Ländereien. Plünderungen fanden jedoch statt und es gab Konkurrenzkämpfe zwischen Adligen und Großgrundbesitzern bei der Pacht und beim Verkauf der Klostergrundstücke.

Widerstand im Norden Englands, die sog. „Pilgerfahrt der Gnade“ (1536), wurde niedergeschlagen. Ab 1537 baute die Regierung mehr Druck auf und zwang auch die bisher verschonten größeren Klöster zur Aufgabe. Im April 1540 wurde mit Waltham Abbey in Essex das letzte Kloster geschlossen. Da es keine anderen Klöster mehr gab, wurden die Geistlichen einfach ausbezahlt. Fünf Ordensgemeinschaften, darunter der Johanniterorden, wurden zudem abgeschafft. Lediglich sechs Klöster konnten gerettet und anschließend als Kathedralen neu eröffnet werden: Westminster, Gloucester, Peterborough, Oxford, Bristol und Chester.

DIE AUFLÖSUNG DER ENGLISCHEN KLÖSTER — Karte 30

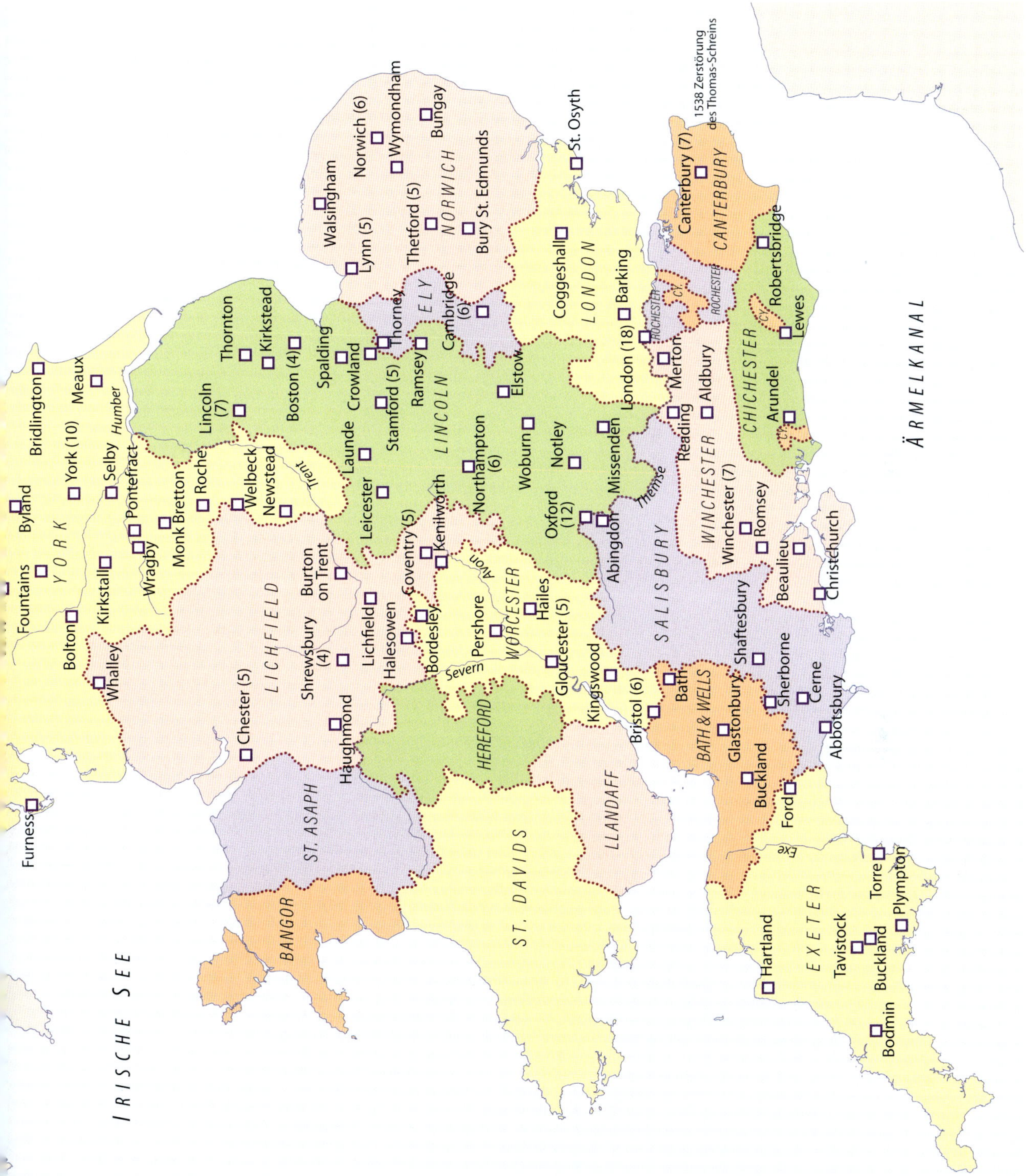
IRISCHE SEE
ÄRMELKANAL
1538 Zerstörung des Thomas-Schreins
YORK
LINCOLN
NORWICH
ELY
LONDON
CANTERBURY
ROCHESTER
CHICHESTER
WINCHESTER
SALISBURY
LICHFIELD
WORCESTER
HEREFORD
ST. ASAPH
BANGOR
ST. DAVIDS
LLANDAFF
BATH & WELLS
EXETER
Humber
Trent
Avon
Severn
Themse
Exe
Furness
Fountains
Byland
Bolton
Kirkstall
Whalley
Bridlington
York (10)
Meaux
Selby
Pontefract
Wragby
Monk Bretton
Roche
Welbeck
Newstead
Lincoln (7)
Thornton
Kirkstead
Boston (4)
Spalding
Crowland
Launde
Leicester
Stamford (5)
Thorney
Ramsey
Walsingham
Lynn (5)
Norwich (6)
Wymondham
Bungay
Thetford (5)
Bury St. Edmunds
Cambridge (6)
St. Osyth
Coggeshall
Barking
London (18)
Merton
Elstow
Northampton (6)
Woburn
Notley
Missenden
Oxford (12)
Abingdon
Reading
Aldbury
Canterbury (7)
Robertsbridge
Lewes
Arundel
Winchester (7)
Romsey
Beaulieu
Christchurch
Shaftesbury
Sherborne
Cerne
Abbotsbury
Bath
Glastonbury
Buckland
Ford
Bristol (6)
Kingswood
Gloucester (5)
Hailes
Pershore
Bordesley
Kenilworth
Coventry (5)
Halesowen
Lichfield
Burton on Trent
Shrewsbury (4)
Haughmond
Chester (5)
Hartland
Tavistock
Buckland
Torre
Plympton
Bodmin

Die „Pilgerfahrt der Gnade“ (*Pilgrimage of Grace*) war der größte und bedrohlichste aus einer Reihe von Aufständen im England während der Tudor-Dynastie, obwohl die Beteiligten es als Protestbewegung verstanden. Im Sommer 1536 wurde eine Reihe von radikalen Veränderungen im Religionswesen eingeführt. Kunstschätze der Kirchengemeinde schienen gefährdet zu sein und kleinere Klöster wurden aufgelöst.

Die zufällige Anwesenheit dreier unterschiedlicher Kommissare in Lincolnshire – einer, der die Auflösung der Klöster überwachte, ein weiterer, der dem Klerus einen Besuch abstattete, und ein dritter, der die Großgrundbesitzer für Steuerabsprache zusammenrief – löste in Louth einen Aufruhr aus, der sich rapide zu einem bezirksweiten Volksaufstand entwickelte. Trotz der Besetzung der Stadt Lincoln und dem Anwachsen der Bewegung auf 20.000 bewaffnete Männer verlor sie jedoch wieder an Unterstützung.

Yorkshire

Während die Lage sich in Lincolnshire beruhigte, loderte der Aufstand in Yorkshire auf. Der Rechtsanwalt Robert Aske (1500–37) prägte den Begriff „Pilgerfahrt der Gnade“, ernannte sich selbst zum Anfüher und deklarierte den Aufstand zu einer Verteidigungsbewegung der Kirche mit dem Ziel, die „ketzerischen“ Berater des Königs, vor allem Kanzler Thomas Cromwell und Erzbischof Thomas Cranmer, abzusetzen. Die Aufständischen trugen bei ihren Aufmärschen ein Abzeichen mit den fünf Wundmalen Christi. Der Lincolnshire-Aufstand und die Pilgerfahrt der Gnade summierten sich zu einem großen nordenglischen Protest gegen die Politik Heinrichs. Die Bewegung bestand vorwiegend aus niederen Geistlichen, Freibauern und Handwerkern. Mit der Ausbreitung des Aufstands in den Nordwesten Englands wuchs auch regional bedingt der Zorn auf Landeigner und deren Pacht- und Abgabepolitik. Schon bald hatten die Pilger neun regional verteilte Armeen, die insgesamt 50.000 Mann umfassten, und hielten das Land nördlich des Trent besetzt.

Ruine des Klosters von Rievaulx in Yorkshire

Der Duke von Norfolk konnte einen Waffenstillstand aushandeln, womit die Pilgerfahrt sich langsam auflöste. Die Großgrundbesitzer setzten Aske ab und übernahmen die Kontrolle, damit jeder einzeln Bedingungen mit der Regierung aushandeln konnte.

Rache

Heinrich VIII. war jedoch nicht an einer friedlichen Lösung interessiert. Er zögerte die Verhandlungen hinaus, bis er einen günstigen Moment ergreifen konnte, um seine Rache zu vollstrecken. Der misslungene zweite Aufstand unter der Führung von Sir Francis Bigod gab Heinrich den Vorwand, um zurückzuschlagen. Während die Masse der Beteiligten wieder in der Bevölkerung untertauchte, richtete Heinrich die Anführer der Pilgerfahrt hin. Damit konnte er sich zum unangefochtenen Oberhaupt der englischen Kirche erklären.

DIE PILGERFAHRT DER GNADE

Karte 31

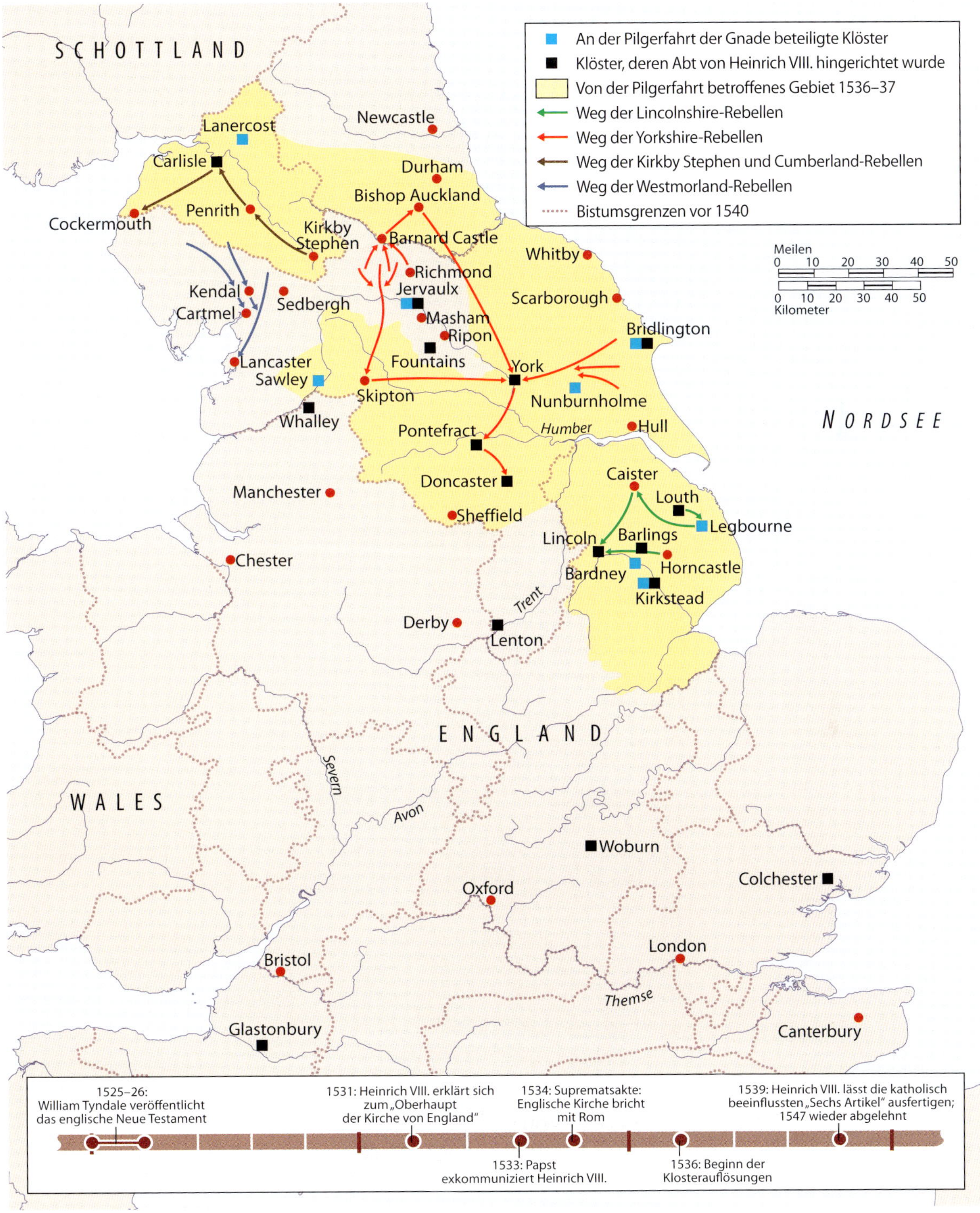

Die Reformation in England

Bereits im 13. Jahrhundert hatte sich in England mit Wyclifs Protestbewegung eine gegen den Papst und den Klerus gewandte Art Protestantismus entwickelt. Im frühen 16. Jahrhundert wurden Luthers Schriften und englischsprachige Bibeln ins Land geschmuggelt. Die Anfänge der Reformation hatten noch lutherische Wurzeln, jedoch vermischte sich die Bewegung schon bald mit politischen Interessen. 1531 ernannte sich Heinrich VIII. zum Oberhaupt der englischen Kirche, obwohl sein Streit mit dem Papst nicht religiös, sondern in der päpstlichen Weigerung, eine Scheidung von Katharina von Aragon zu legitimieren, begründet war. Heinrich blieb trotzdem Katholik – der Papst hatte ihm den Titel „Verteidiger des Glaubens" für eine gegen Luthers Sakramentsverständnis gerichtete Schrift verliehen, die Heinrich 1521 geschrieben hatte. Zudem verfasste er 1539 das „Blutige Statut", mit dem er die Entwicklung der Reformation beeinträchtigte. Er zerstörte die Autorität des Papstes und das Mönchtum in England. Zeitgleich näherten sich trotzdem einige seiner Untertanen der Reformation an, deren intellektuelles Zentrum die Universität von Cambridge wurde. Die Veröffentlichung von Tyndales englischem Neuen Testament kam der Glaubensbewegung ebenfalls zugute.

Während der Herrschaft Eduards VI. (Reg. 1547–53) blühte die Reformation weiter auf, mit Befürwortern wie dem Erzbischof von Canterbury, Thomas Cranmer, und den Bischöfen Nicholas Ridley und Hugh Latimer. Auch einige europäische, calvinistisch geprägte Reformatoren wie Martin Bucer aus Straßburg, Peter Martyr Vermigli aus Italien, die beide Professuren in Oxford und Cambridge annahmen, und Johannes a Lasco aus Polen fanden Exil in England.

Maria I. Tudor

Nach Eduards vorzeitigem Tod versuchte Heinrichs Tochter Maria Tudor (Reg. 1553–58) mit Hilfe von Kardinal Reginald Poe die römisch-katholische Kirche und die Autorität des Papstes in England wiederherzustellen. Ihr mangelndes Verständnis für den Protestantismus führte jedoch dazu, dass sie die Bewegung durch die von ihr hingerichteten Märtyrer nur stärkte. Etwa 290 Bischöfe und Gelehrte – darunter Cranmer, Latimer und Ridley – wurden auf dem Scheiterhaufen verbrannt, während viele andere nach Europa flohen.

Elisabeth I.

Marias Halbschwester Elisabeth machte während ihrer langen Regierungszeit (1558–1603) den Protestantismus endgültig zur Staatsreligion. Dabei hatte sie mit vielen Schwierigkeiten zu kämpfen: einem drohenden Bürgerkrieg, der politischen und religiösen Opposition durch die Katholiken, einem feindseligen Verhältnis zu Frankreich und Spanien sowie Zweifeln an ihrem Anspruch auf den Thron. Sie ersetzte katholische Kirchenführer durch protestantische, führte das Glaubensbekenntnis (39 Artikel) sowie das *Book of Common Prayer* mit Modifizierungen ein und nahm den Titel „Oberster Gouverneur" anstelle „Oberhaupt" der englischen Kirche an. Damit beschritt sie den für die anglikanische Kirche seither charakteristischen Mittelweg (*via media*).

Wie von Elisabeth festgelegt behielt die anglikanische Kirche die Amtsstruktur und Liturgie der katholischen Kirche bei. Damit stieß sie vielen Calvinisten vor den Kopf, besonders denen, die aus ihrem Schweizer Exil zurückkehrten. Zudem stand jeder Katholik unter dem Generalverdacht, ein Landesverräter zu sein, da der Papst alle treuen Gläubigen dazu aufgerufen hatte, Elisabeth zu stürzen.

DIE REFORMATION IN ENGLAND Karte 32

Die Schottische Reformation

Schottland kam zum ersten Mal durch Patrick Hamilton (ca. 1504–28) mit der Reformation in Berührung, der sich schon als Student in Paris für Luthers Werke begeisterte und später Vorlesungen in Wittenberg und der neuen Universität von Marburg besuchte. Er wurde in seiner Heimat jedoch der Ketzerei schuldig befunden und auf dem Scheiterhaufen verbrannt. Viele protestantische Intellektuelle flohen ins Ausland, ohne jemals wiederzukehren. Auch George Wishart (ca. 1513–46) wurde hingerichtet. Kardinal Beaton, der dies befohlen hatte, fiel aufgrund solcher Anordnungen später einem Attentat zum Opfer. Wisharts größter Beitrag zur Reformation war sein Einfluss auf John Knox (ca. 1514–72), der der Anführer der schottischen Reformation werden sollte.

John Knox

1547 wurde Knox von den Franzosen gefangengenommen und kam in Galeerenhaft. Nach seiner Freilassung war er als Kaplan Eduards VI. an der englischen Reformation beteiligt. Während Maria Tudors Herrschaft floh er nach Genf, wo er Calvins Lehren kennenlernte.

1557 schworen sich schottische Protestanten, die Reformation einzuführen. Nur wenige Schotten waren Protestanten, jedoch umfasste diese Minderheit wichtige Adlige, wie etwa das Oberhaupt des Hamilton-Clans oder die Earls von Argyll, Glencairn und Morton. Diese *Lords of the Congregation* („Herren der Kirche") holten Knox aus dem Exil zurück nach Schottland. In Perth predigte dieser gegen die Anbetung von Götzenbildern und löste damit einen landesweiten Bildersturm aus. Mit feurigen Predigten in der St. Giles Cathedral in Edinburgh griff er auch das Papsttum an.

Knox stachelte die protestantischen Adligen an, Kirchen zu besetzen. Mit der Unterstützung englischer Truppen konnten die Rebellen Reformen endgültig durchsetzen. Auf Anfrage des schottischen Parlaments schrieb Knox das Schottische Glaubensbekenntnis (1560 angenommen, 1647 durch das Bekenntnis von Westminster ersetzt), das die evangelische Lehre und die Notwendigkeit der Disziplin besonders betonte. Er verfasste auch das Erste Buch der Kirchendiszplin (1561), worauf die Veröffentlichung einer neuen Liturgie, festgehalten in der Kirchenordnung *Book of Common Order*, und einer Übersetzung von Calvins Katechismus folgten. So konnte Knox die Reformation in Schottland dauerhaft festigen.

Maria Stuart

Die unerwartete Rückkehr der Königin Maria Stuart nach Schottland im Jahr 1561 entfachte den Religionskonflikt erneut. Maria praktizierte weiterhin ihren katholischen Glauben privat und ließ den Protestantismus in Schottland gewähren. Knox kritisierte sie jedoch öffentlich, weil sie die Messe an ihrem Hof feierte, ihr Hofstaat und ihr Privatleben nach seinem Ermessen aber zügellos waren. Mit ihrer erzwungenen Abdankung 1567 war Schottland endültig für die römisch-katholische Kirche verloren.

Nachdem Knox starb, übernahm Andrew Melville, späterer Rektor der Glasgower Universität, die Führung des schottischen Protestanismus. Als zweimaliger Vorsitzender der Generalversammlung ließ er alle Spuren eines bischofsbestimmten Kirchensystems eliminieren. Obwohl die Kirche somit nach presbyterianischen Prinzipien organisiert war, versuchte die Stuartsche Monarchie noch über ein Jahrhundert lang, den Episkopalismus in der schottischen Kirche zu etablieren. 1584 wurden deswegen unter Jakob VI. (1567–1625) Regelungen eingeführt, die eine episkopalische Struktur unterstützten, 1592 jedoch wieder zurückgenommen wurden. In diesem Punkt konnten sich Jakob VI. und seine Nachfolger nicht durchsetzen.

DIE SCHOTTISCHE REFORMATION

Karte 33

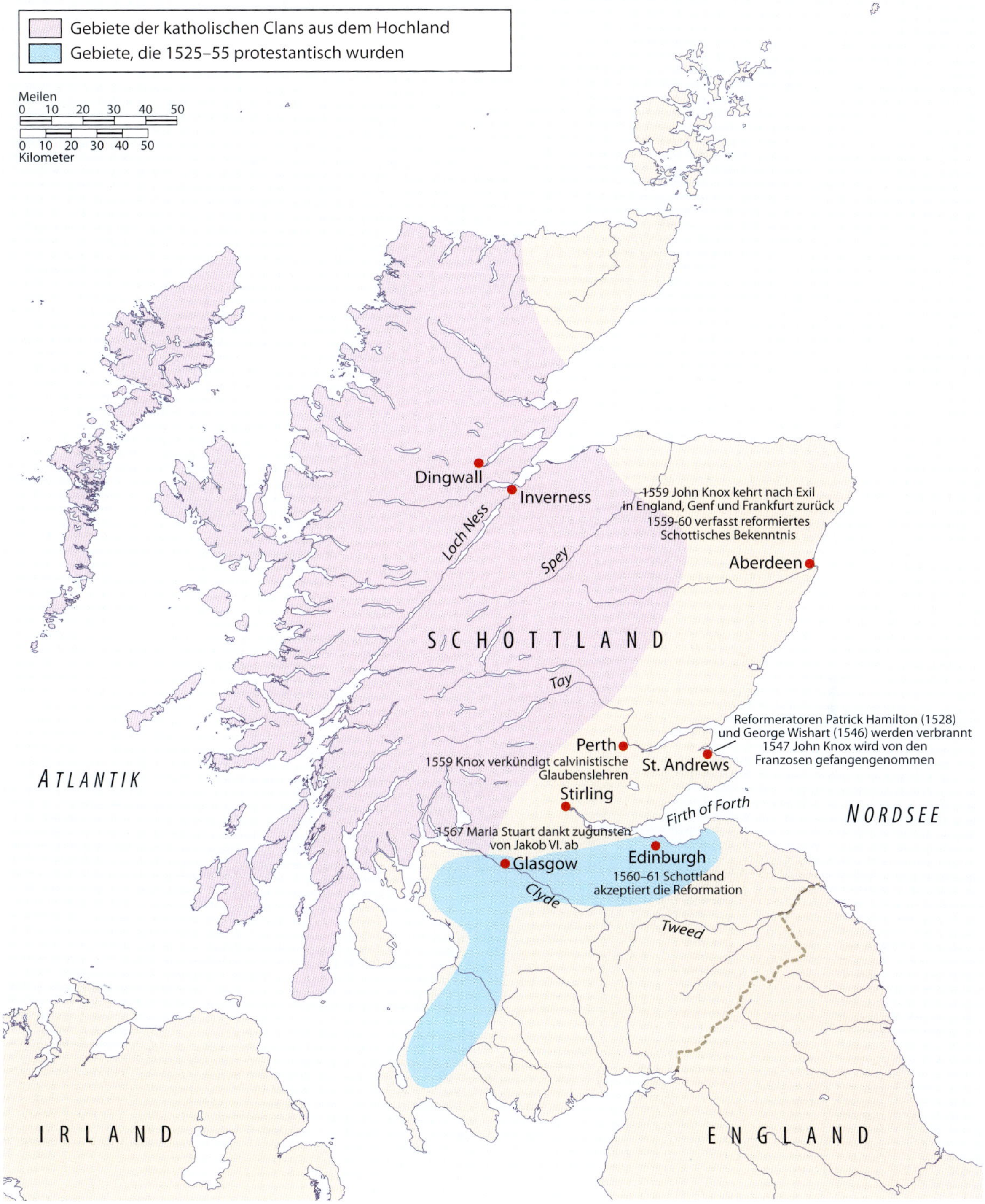

Die Reformation in Polen

Polen hatte eine lange Tradition antiklerikaler Ressentiments und religiöser Toleranz. Die Hussiten konnten sich ausbreiten, viele Juden kamen auf der Flucht vor Verfolgung ins Land und in Litauen gab es eine Enklave muslimischer Tataren. Trotzdem war im 15. Jahrhundert die römisch-katholische Kirche die dominante Größe.

Die ersten Ausläufer der Reformation erreichten Polen in den 1520er Jahren, als Wittenberger Studenten die reformatorische Botschaft mit nach Danzig und Krakau brachten. Unter den deutschsprachigen Bewohnern des Landes, die in größeren Städten wie Elbląg und Toruń lebten, fanden die Ideen der Reformation schnell Anklang. 1530 wurde erstmalig eine polnische Ausgabe von Luthers Kleinem Katechismus veröffentlicht.

Vor allem im Norden des Landes konnte der lutherische Glaube Fuß fassen. Etwa das Herzogtum Preußen, ein Vasallenstaat Polens, entwickelte sich mit seinen Druckereien, die Bibeln und Katechismen in Deutsch, Polnisch und Litauisch herausgaben, zu einem Zentrum der Reformation.

Die polnischen Könige waren entweder nicht an der Reformation interessiert oder der Meinung, dass religiöse Konflikte nicht unter königliche Jurisdiktion fielen. Die schwache Monarchie verlor weiter an Macht, als der Adel zum Protestantismus konvertierte. Der König konnte nur wenig ohne die Zustimmung des polnischen Parlaments (*Sejm*) unternehmen, das mit der Konvertierung nun von reformatorisch gesinnten Fürsten dominiert war. 1555 wurde während einer Parlamentssitzung die Autorität der Kirchengerichte außer Kraft gesetzt, womit der Protestantismus offiziell anerkannt werden konnte.

Calvinismus

Der Calvinismus wurde besonders von den Adligen Kleinpolens und des Großherzogtums Litauen freudig angenommen. Sigismund II. August (Reg. 1548–72) war ein Befürworter der Reformation und stand im Briefkontakt mit Calvin. 1564 wurde die Brester Bibel, die erste vollständige Bibelübersetzung auf Polnisch, veröffentlicht. Der bedeutendste polnische Theologe seiner Zeit war der Calvinist Johannes a Lasco, der später nach England ging und dort die Reformation unter Eduard VI. unterstützte.

Protestantische Gruppierungen wie die Mennoniten oder die Böhmischen Brüder fanden Zuflucht in Polen und ließen sich in der Region Großpolen um Leszno nieder. Eine weitere Reformbewegung, die Polnischen Brüder, tauchte um 1565 unter der Führung Fausto Sozzinis (1539–1604) auf, dessen Theologie die Dreifaltigkeitslehre und Präexistenz Christi verneinte. Der nach ihm benannte Begriff „Sozianismus" wurde bis ins 17. Jahrhundert für andere abweichende Glaubensströmungen abschätzig benutzt.

Andere führende Protestanten in Polen waren der oft als „Vater der polnischen Literatur" bezeichnete Mikolaj Rej (1505–69), Marcin Czechowic (ca. 1532–1613), ein sozianischer Theologe, Andrzej Frycz Modrzewski (ca. 1503–72), der Vater der polnischen Demokratie, und Symon Budny (ca. 1530–93), der Anführer der Polnischen Brüder.

Consensus von Sandomir

1570 einigten sich die Lutheraner und Calvinisten im Abkommen von Sandomierz auf gegenseitige Anerkennung, jedoch wurde die Übereinkunft durch die Uneinigkeit über den Sozianismus getrübt. Die Warschauer Konföderation von 1573 führte die allge-

CHRISTLICHE KIRCHEN IM POLEN DES SPÄTEN 16. JAHRHUNDERTS Karte 34

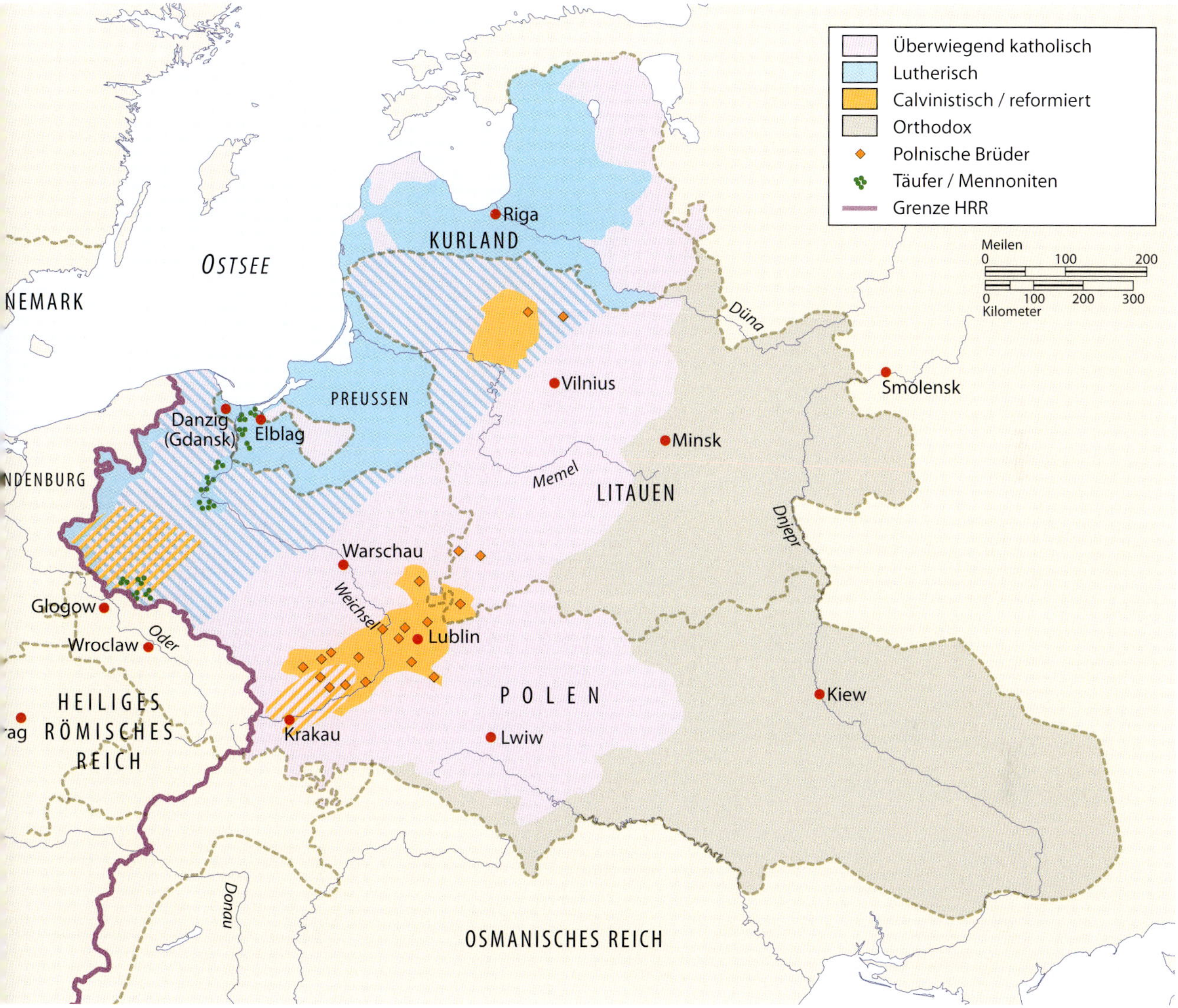

meine Religionsfreiheit ein, jedoch hielt dieser kurze Zeitraum der Toleranz nur bis zur Thronbesteigung Sigismunds III. (Reg. 1587–1632) an.

Die Bauern und die arme Bevölkerung hatten den Katholizismus zwischenzeitlich nie aufgegeben. Aufgrund der Konvertierung der höheren Adelsstände zum Protestantismus entschieden sich der niedere Adel und die Bauern, die den König als ihren Verbündeten ansahen, für das entgegengesetzte religiöse Bekenntnis. Selbst dort, wo der Protestantismus verbreitet war, blieb ein großer Teil der Bevölkerung katholisch.

Teil 3

Erneuerungsbewegungen und Gegenreformation

Gehet hin und setzet die ganze Welt in Brand!

IGNATIUS VON LOYOLA

Mit dem Religionsfrieden von Augsburg (1555) hatte sich die Situation in Westeuropa deutlich verändert. Die protestantischen Fürsten verzeichneten kaum Landverluste, sondern im Vergleich zu 1529 sogar deutliche Landgewinne.

Nach dem Wormser Reichstag von 1521 ergab sich erst 1546 die Möglichkeit, militärisch gegen die Lutheraner vorzugehen. Seine Abwesenheit aufgrund eines Aufstands in Spanien, der Bedrohung durch Franz I. von Frankreich und Süleyman dem Prächtigen hatte der Reformation einen großen Vorteil verschafft.

Der darauffolgende Schmalkaldische Krieg führte zunächst zum Augsburger Interim (1548), das die Rückkehr zum katholischen Glauben (mit Ausname des Laienkelchs und der Priesterehe) bis zu einem klärenden Konzil mit sich brachte. Dieser Kompromiss war jedoch für keine von beiden Seiten akzeptabel, nur die Anwesenheit spanischer Besatzungstruppen in Nordeuropa hielt den Beschluss aufrecht. Ein Fürstenaufstand unter Moritz von Sachsen mit der Unterstützung Heinrichs II. von Frankreich zwang den Kaiser dazu, über die verschneiten Alpen zu fliehen. Der scheinbar entscheidende Sieg Karls und der darauffolgende Friede war nur von kurzer Dauer gewesen.

Nach dem Tod Luthers brachen zudem innerhalb des Protestantismus erbitterte theologische Konflikte aus. Es gab Kontroversen über den Unterschied zwischen Heiligung und Rechtfertigung, die Notwendigkeit guter Werke oder die Anwesenheit Christi beim Abendmahl. In dieser Phase der Konfessionalisierung entwickelte der lutherische Glaube ein System aus Glaubensgrundsätzen und Riten, das ihn als eine eigenständige Konfession auszeichnete – ein Prozess, den Luther vorhergesehen und befürchtet hatte. Das *Konkordienbuch*, das die Bekenntnistexte der Lutheraner umfasst, wurde 1580 veröffentlicht. Es enthielt die drei altkirchlichen Bekenntnisse, Melanchthons Augsburger Bekenntnis und die Apologie des Bekenntnisses, sowie eines Traktates, Luthers Katechismen, die Schmalkaldischen Artikel von 1537 und die Konkordienformel.

Die zunehmend dogmatische Haltung einiger lutherischer Theologen schreckte viele Leute ab und trieb sie in die Arme der reformierten oder calvinistischen Kirche. Die reformierten Christen in Deutschland wählten indessen den Heidelberger Katechismus von 1563 als ihre Bekenntnisschrift.

Kaiser Karl V.

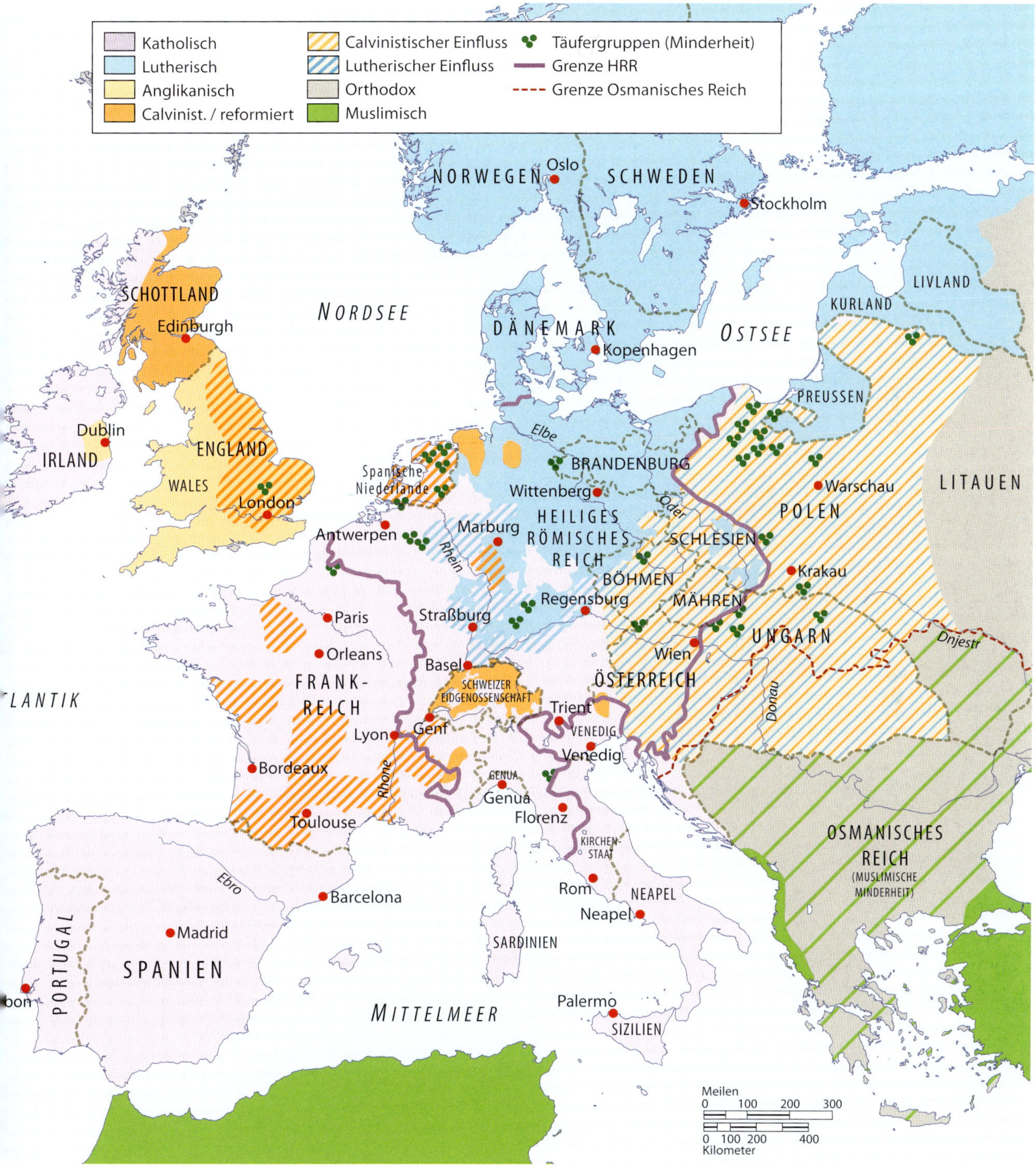
Katholisch
Lutherisch
Anglikanisch
Calvinist. / reformiert
Calvinistischer Einfluss
Lutherischer Einfluss
Orthodox
Muslimisch
Täufergruppen (Minderheit)
Grenze HRR
Grenze Osmanisches Reich
NORWEGEN
Oslo
SCHWEDEN
Stockholm
SCHOTTLAND
Edinburgh
NORDSEE
DÄNEMARK
Kopenhagen
OSTSEE
KURLAND
LIVLAND
PREUSSEN
Dublin
IRLAND
ENGLAND
WALES
London
Spanische Niederlande
Elbe
BRANDENBURG
Wittenberg
Warschau
LITAUEN
POLEN
Oder
Antwerpen
Marburg
Rhein
HEILIGES RÖMISCHES REICH
SCHLESIEN
Krakau
BÖHMEN
MÄHREN
Regensburg
Paris
Straßburg
UNGARN
Wien
Orleans
Basel
FRANKREICH
ATLANTIK
SCHWEIZER EIDGENOSSENSCHAFT
ÖSTERREICH
Dnjestr
Donau
Trient
VENEDIG
Genf
Lyon
Venedig
Bordeaux
Rhone
GENUA
Genua
Florenz
Toulouse
KIRCHENSTAAT
OSMANISCHES REICH (MUSLIMISCHE MINDERHEIT)
Ebro
Rom
NEAPEL
Barcelona
Neapel
Madrid
PORTUGAL
SPANIEN
SARDINIEN
MITTELMEER
Palermo
SIZILIEN
Meilen
0 100 200 300
0 100 200 400
Kilometer

Päpstliche Reformen

Es wird oft behauptet, dass die ideologische Kluft zwischen den Lutheranern und Calvinisten auf der einen und der römisch-katholischen Kirche auf der anderen Seite so schnell auseinanderklaffte, dass sie nicht mehr zu überbrücken war. Tatsächlich gab es jedoch innerhalb der katholischen Kirche Gruppen – oft humanistisch beeinflusst und auf der Suche nach geistlicher Erneuerung –, die Reformen durchsetzen wollten. Einige Kirchenführer beschäftigten sich mit Gedanken, die denen Luthers und den protestantischen Reformatoren nicht unähnlich waren. Im Laufe vieler Beratungen wurde versucht, Differenzen beizulegen und die Einheit der Kirche wiederherzustellen. Italien selbst stand näher an einer Hinwendung zum Protestantismus, als man es üblicherwise annimmt.

Nach den Exzessen und der Korruption einiger Renaissance-Päpste ergriff Papst Paul III. (Amt: 1534–49) Maßnahmen, um die römische Kirche zu erneuern. Er ernannte reformgesinnte Kardinäle, rief eine päpstliche Reformkommission ins Leben und berief das Konzil von Trient ein. Zu den neu ernannten Kardinälen zählten Gasparo Contarini (1483–1542), Gian Pietro Carafa (später Paul IV., 1476–1559), Reginald Pole (1500–58), Jacopo Sadoleto (1477–1547), Pietro Bembo (1470–1547) und Jean du Bellay (ca. 1493–1567). Die Reformkommission veröffentlichte 1537 einen Bericht, auf dessen Basis der päpstliche Verwaltungsapparat umstrukturiert, der Verkauf geistlicher Zuwendungen beendet und der Handel mit kirchlichen Ämtern beendet werden sollte.

Das Konzil von Trient

Die bedeutendste Entscheidung des Papst war die Einberufung des lang erwarteten Konzils, um über Reformen und die wachsende Bedrohung durch den Protestantismus zu reden. Als Veranstaltungsort benannte er Trient (Trentino), das im kaiserlich regierten Teil Italiens lag. Diese Entscheidung verärgerte Frankreich, weshalb es nur wenige Kirchenvertreter zum Konzil entsandte.

Es war jedoch zu spät für eine Wiedervereinigung des christlichen Europa: Man konnte lediglich einige Reformen ankündigen, den Schaden begrenzen und die katholische Position im Kirchenstreit festlegen. Der lutherische Glaube hatte bereits eine fundierte und strukturierte Glaubensgrundlage, Straßburg und Hessen ihre Religionszugehörigkeit entschieden und Calvin seine zweite Schaffensphase in Genf begonnen.

Das Konzil tagte insgesamt drei Mal: 1545–47, 1551–52 und 1562–63. Somit waren es keine fortwährenden Zusammenkünfte, die von verschiedenen Vertretern der römisch-katholischen Kirche besucht wurden. Teilweise waren die Gemüter so erhitzt, dass es zu handgreiflichen Auseinandersetzungen zwischen den Teilnehmern kam.

Erste Sitzung

Zu Beginn der ersten Sitzung waren nur vier Erzbischöfe, zwanzig Bischöfe, vier Ordensgeneräle und einige Theologen anwesend – und keiner der Laienfürsten, von denen sich die Reformatoren Führung erhofften. Nur einige katholische Reformer wie etwa Reginald Pole nahmen Teil, die Protestanten wie Bucer und Melanchthon bei den Religionsgesprächen 1540–41 begegnet waren.

Das Abstimmungsverfahren gab der propäpstlichen, italienischen Fraktion die Kontrolle über das Votum des Konzils. Die Teilnehmer waren sich einig, dass die Heilige Schrift und die Tradition ebenbürtige Quellen göttlicher Wahrheit seien, dass allein die Kirche die Bibel verbindlich auslegen könne und dass Hieronymus' Vulgata die einzige normative Bibelübersetzung sei. Dies machte eine Versöhnung mit dem Protestantismus unmöglich, da die Heilige Schrift allein Maßstab der Verkündigung ist und Prediger sie im Urtext lesen sollten. Weitere Dekrete des

KONZIL VON TRIENT: 1545–47 Karte 36

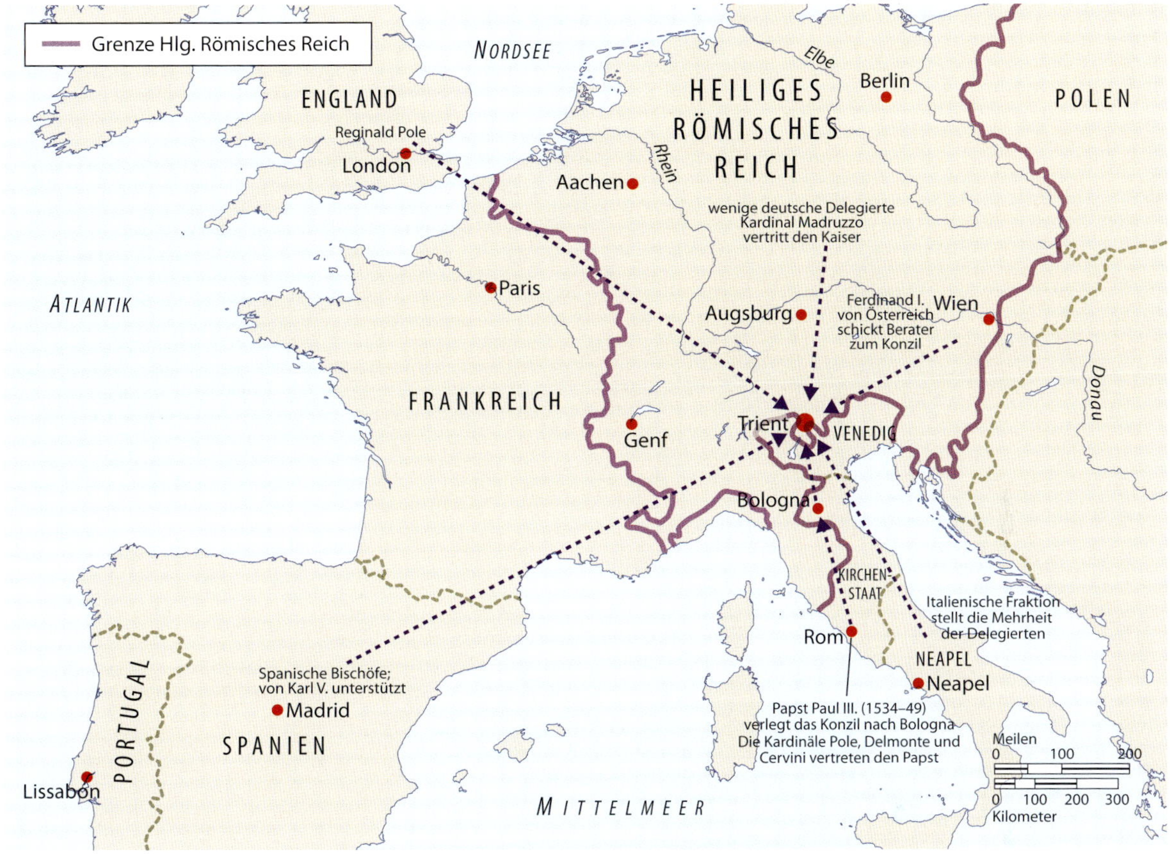

Konzils bezüglich Erbsünde, Rechtfertigung und Sakrament stärkten nur die bereits bestehenden Mauern.

Zweite Sitzung

Mit 59 Delegierten war die zweite Sitzung des Konzils auch die größte. Der Kaiser hielt die deutschen Bischöfe zurück, bis der Papst ihm zugestand, dass auch Protestanten teilnehmen dürften. 1551 trafen drei protestantische Delegationen ein: aus Brandenburg, Württemberg und Straßburg, die 1552 Verstärkung durch eine von Moritz von Sachsen entsandte Delegation erhielten. Sie versuchten erfolglos, eine Diskussion um die Entscheidungen der ersten Sitzung zu eröffnen und die Vorrangstellung des Ökumenischen Konzils gegenüber dem Papst herauszustellen, wie es beim Konzil von Basel (1431–49) bereits Ansätze gegeben hatte. Nachdem die Protestanten feststellen mussten, dass sie nichts durch ihre Anwesenheit erreichen würden, reisten sie im März 1552 wieder ab. Die Unfähigkeit oder auch der Unwillen beider Seiten zu einer Einigung stellte nur umso deutlicher die Kluft zwischen den Konfessionen heraus.

Da Frankreich und Spanien kaum am Konzil beteiligt waren, behielt die italienische Fraktion die Oberhand. Das Ergebnis waren zwei Entscheidungen: die Ablehnung calvinistischer, zwinglianischer und lutherischer Ansichten und eine Bestätigung der Transsubstantiationslehre.

Dritte Sitzung

Während der Amtszeit des vehement anti-protestantischen Papstes Paul IV. (Amt: 1555–59) blieb ein Treffen des Konzils aus. Das dritte und letzte Treffen wurde vom Jesuitenorden, vertreten von den beiden einflussreichen Mitgliedern Diego Lainez und Alfonso Salmerón, dominiert. Es war die produktivste Sitzung des Konzils, mit einer zeitweisen Teilnehmerzahl von 255 Delegierten.

Aus Frankreich und Spanien waren zahlenmäßig starke Delegationen angereist. Die französischen Abgeordneten vertraten oft die entgegengesetzten Interessen der italienischen Fraktion, während die Spanier kompromisslos in ihrer Verfechtung der korrekten Glaubenslehre und sensibel für die Wünsche Kaiser Karls V. waren.

Einige Probleme, die in früheren Sitzungen diskutiert wurden, konnten gelöst werden. So wurden viele von der Reformation kritisierte Lehren nochmals bestätigt. Die Transsubstantiationslehre und alle im Mittelalter etablierten Rituale rund um die Heilige Messe blieben bestehen, ebenso wie die sieben Sakramente, der Zölibat, die Lehre vom Fegefeuer und der Ablass. Jedoch wurde das Amt des Ablasspredigers abgeschafft und der Missbrauch des Ablasshandels aufs Schärfste verurteilt. Die Autorität des Papstes wurde gestärkt, da er die Dekrete des Konzils durchsetzen sollte. Zusätzlich wurde bestimmt, dass Kirchenfunktionäre

KONZIL VON TRIENT: 1562–63 Karte 38

einen Gehorsamseid gegenüber dem Papst ablegen müssen. Im Bereich Bildung wurden einige Reformen verabschiedet, die die Ausbildung von Priestern verbessern und ihr Verhalten einer strikteren Kontrolle unterwerfen sollten.

Alle Erlasse des Konzils wurden durch Papst Pius IV. bestätigt und in Kraft gesetzt. Theologische Glaubensgrundsätze blieben ganz in der Tradition scholastischer Argumentation – mit einem Fluch auf alle, die ihnen nicht zustimmten –, was jede Hoffnung auf eine Zusammenführung der Kirche zerstörte.

Das Konzil von Trient sorgte dafür, dass es in naher Zukunft keine Möglichkeit für eine Aussöhnung zwischen Katholiken und Protestanten geben würde. Jedoch stärkte es die römisch-katholische Kirche nachhaltig, indem es das Papsttum stützte, die organisatorische Struktur der Kirche verbesserte, kirchlichen Amtsmissbrauch unterband sowie Lehre und Dogma neu durchdachte. Die in Trient geleistete Arbeit war Grundlage für die Zeit der Religionskriege und der missionarischen Expansion. Die katholische Kirche hatte ihre Berufung und ihre Motivation wiedergefunden.

Ignatius von Loyola

Ignatius von Loyola (ca. 1491–1556), Gründer und Oberhaupt der Gesellschaft Jesu (Jesuitenorden), war eine der dramatischsten und einflussreichsten Figuren in der Geschichte des Christentums. Er war ein außergewöhnlich charismatischer Anführer und verband die Spiritualität des Mönchstums mit der Heldentradition des Kreuzrittertums zu einem straff disziplinierten Programm für geistliches und mentales Wachstum.

Ignatius wurde 1491 in der Burg von Loyola am Fuße der Pyrenäen geboren. Der junge Adlige schlug erst eine Karriere als Soldat ein, die 1521 durch eine schwere Fußverletzung beendet wurde. Während er sich von seinen Wunden erholte, entschloss er sich, ein treuer Nachfolger Jesu zu werden. Im Gegensatz zu Luther, der seinen Frieden in der Ablehnung der mittelalterlichen Konventionen zugunsten eines einfachen Christentums fand, widmete sich Ignatius den Traditionen der mittelalterlichen Kirche voll und ganz.

Die Gesellschaft Jesu

Von 1524 bis 1534 studierte Ignatius in Barcelona, Alcalá, Salamanca und Paris, um sich für seinen Dienst vorzubereiten. Am 15. August 1534 schworen er und sechs Freunde ein Gelübde der Armut, Reinheit und Keuschheit. Sie widmeten ihr Leben der Mission. Dies war der Beginn der Gesellschaft Jesu bzw. des Jesuitenordens. Ihr erstes Ziel war es, den päpstlichen Segen für eine Reise ins Heilige Land zu erbitten. Dies war zu jenem Zeitpunkt jedoch unmöglich, da Kaiser, Papst und

Exerzitien

Er reiste zum Kloster von Montserrat, wo er ein Gelübde ablegte und seine Waffen in der Kapelle der Schwarzen Madonna niederlegte. Ein Jahr lang verbrachte er im Gebet und in der Meditation. Nach einer Phase der Versuchungen und Ängste, die der Luthers ähnelte, bekam er in Visionen geistlichen Zuspruch. Er verfasste die erste Ausgabe seiner „Geistlichen Übungen" und pilgerte anschließend ins Heilige Land. Das Exerzitienbuch mit seinem kraftvollen Appell an die Vorstellungskraft hinsichtlich des Lebens, Leidens und Sterbens Jesu und der Betonung des Gehorsams gegenüber Christus und der Kirche in Rom wurde der Grundstein für die Gründung eines neuen Asketenordens.

Ignatius von Loyola (ca. 1491–1556)

IGNATIUS VON LOYOLA UND DIE GRÜNDUNG DES JESUITENORDENS

Karte 39

die Republik Venedig damit beschäftigt waren, das Bündnis zwischen Süleyman I. und Franz I. von Frankreich zu zerbrechen. 1540 erhielt der neue Orden von Paul III. eine päpstliche Legitimation und begann seine Mission, das Evangelium den Bewohnern der neu entdeckten Kontinente zu predigen. Die Jesuiten verstanden sich selbst als eine neue geistliche Elite, die dem Papst ganz zur Verfügung stand, um die Botschaft der „einen wahren Kirche“ zu verkünden. Der absolute, bedingungslose und nahezu militärische Gehorsam wurde zum Markenzeichen des Jesuitenordens.

Die Türkenkriege, in die auch die Republik Venedig verwickelt war, machten eine Überfahrt nach Palästina unmöglich. Ignatius von Loyola und seine sechs Mitstreiter blieben deswegen in Norditalien, um ihre Sache dort voranzubringen. Sie warben neue Mitglieder an, ersuchten Papst Paul III. um Anweisungen und wählten Ignatius zu ihrem Oberen. Zusätzlich zu den traditionellen Gelübde der Armut, Reinheit und des Gehorsams bestanden die Jesuiten auf absoluten Gehorsam gegenüber dem Papst. Jedes Mitglied der Gesellschaft musste den Befehlen des Papstes und des Oberen bedingungslos folgeleisten, „als sei er ein toter Körper".

Das erklärte Ziel der Jesuiten war die Verbreitung des katholischen Glaubens mit jedem Mittel, das ihnen zur Verfügung stand. Die Ordensrekruten mussten gesund, intelligent und eloquent sowie charakterstark und katholisch sein. Der neue Orden war in seiner Struktur stark zentralisiert: Alle ranghöheren Mitglieder wurden vom Oberen ernannt, der auf Lebenszeit gewählt wurde. Es gab keinerlei Ordenstracht und keine Stundengebete. Dies gab den Mitgliedern des Ordens sehr viel mehr Freiraum, als in anderen Orden üblich war, und ermöglichte es ihnen, ihren Auftrag aktiv anzugehen. Alle Jesuiten sollten ein geistliches Leben der Meditation nach den Exerzitien führen.

Obwohl Ignatius mehr Wert auf Qualität als auf Masse legte, wurde der Orden schnell größer. Vor allem für die jüngeren Söhne von Adelsfamilien stellte der Jesuitenorden eine attraktive Karriere dar.

Die drei Aufgaben

Die Arbeit der Jesuiten war auf drei Ziele hin ausgerichtet: Bildung, Mission und der Bekämpfung des Protestantismus. Der Aspekt der Bildung entwickelte sich schnell zu einer Hauptaufgabe des Ordens: Innerhalb eines Jahrzehnts hatten die Jesuiten ein Dutzend Schulen errichtet, die schon bald für ihren hohen Standard gepriesen wurden und zeitgleich die Landeseliten auf die Seite der römisch-katholischen Kirche zogen.

Die jesuitische Schulbildung beruhte auf dem 1599 entwickelten Lehrplan *Ratio Studiorum*, der eine vereinfachte und angepasste Form des Humanismus der Renaissance lehrte. Das Fach Philosophie orientierte sich größtenteils an den Lehren des Aristoteles, die Theologie an Thomas von Aquin, sichtbar in der systematisierten Lehre der Metaphysik des Francisco Suarez (1548–1617), der in Alcalá und Coimbra lehrte.

Ursprünglich gründete Ignatius den Jesuitenorden nicht, um Protestanten zu bekämpfen. Jedoch entwickelte sich dies in der zweiten Hälfte des 16. Jahrhunderts und während des 17. Jahrhunderts immer mehr zu einem wichtigen Ziel der Jesuiten. In Frankreich, den Niederlanden, Süddeutschland und vor allem in Osteuropa waren sie die Speerspitze gegen den Protestantismus. Sie nutzten jedes Mittel, um große Landstriche wieder der katholischen Kirche zuzuführen, und verdienten sich den Ruf, „die gefürchteten Sturmtruppen der Gegenreformation" (Zitat Hans J. Hillerbrand) zu sein. Lediglich in England versagte ihre antiprotestantische Kampagne.

Einige Jesuiten wurden auch zu päpstlichen Gesandten oder Legaten ernannt und führten die Verhandlungen mit Ländern wie Irland, Schweden und Russland, um diese enger an den Katholizismus zu binden. Andere waren Prediger oder Beichtväter an den Höfen des Kaisers, der Könige von Frankreich und Polen oder der Herzöge von Bayern.

AUFSTIEG UND AUSBREITUNG DES JESUITENORDENS

Karte 40

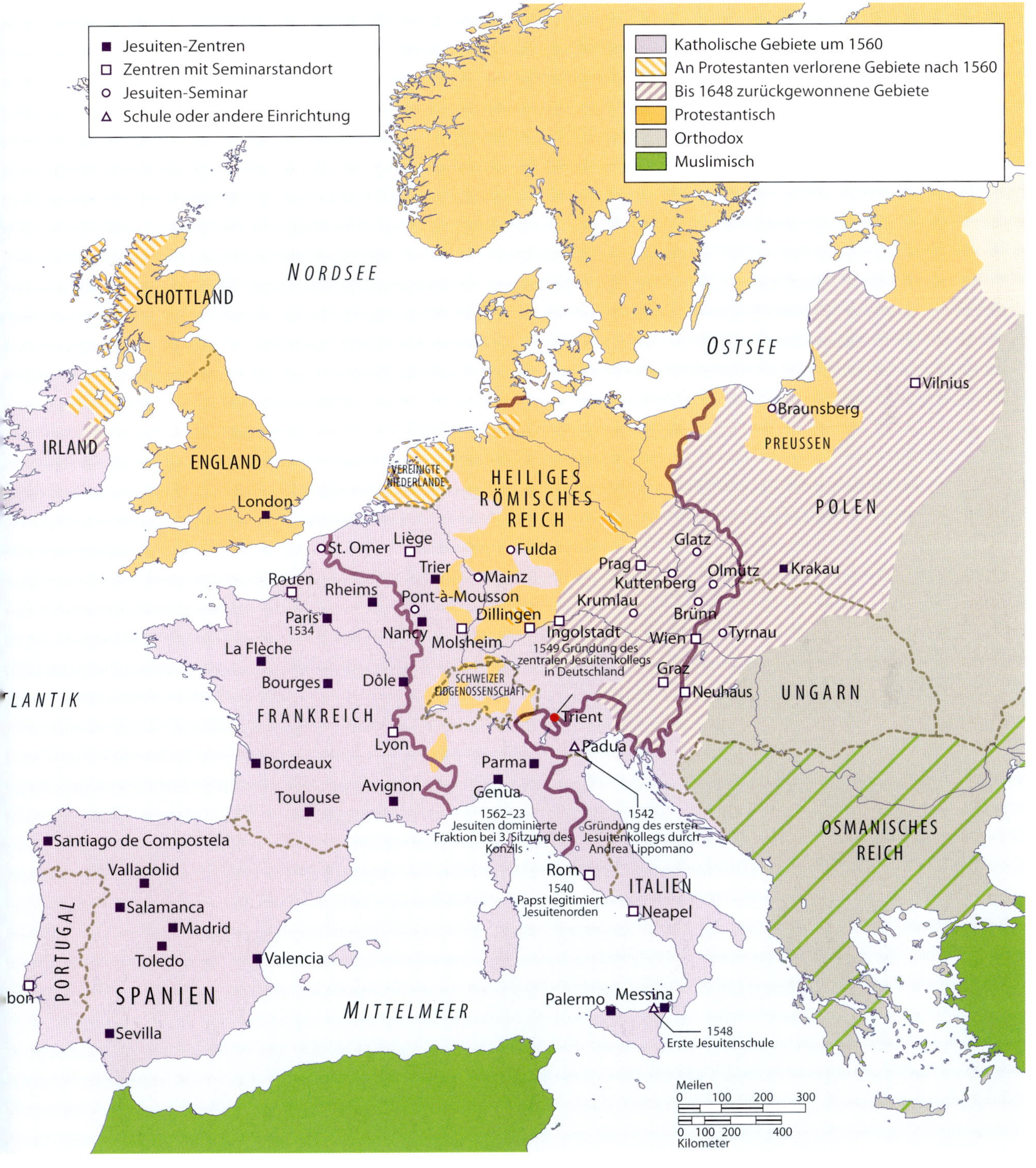

Franz Xaver

Der Jesuit Franz Xaver (Francisco de Xavier; 1506–52) war einer der mutigsten Missionare unter seinen Zeitgenossen, was ihm die Bezeichnung „Apostel Japans und Indiens" einbrachte. Er entstammte einem Adelsgeschlecht aus dem spanischen Navarro und wurde während seines Studiums in Paris ein Gründungsmitglied des Jesuitenordens. Als Johannes III. von Portugal den Orden um Missionare für sein Reich bat, folgte Xaver dem Aufruf und reiste nach Goa. Er hatte keine Scheu, mit den Armen zusammenzuleben und zu arbeiten. Seine folgenden Missionsreisen führten ihn nach Sri Lanka, die Molukken, die Banda-Inseln und auf die malayische Halbinsel. Überall, wo er war, predigte er das Evangelium und taufte Menschen.

Im August 1549 landete Xaver auf Kagoshima in Japan und passte sich, so wie er es vorher immer getan hatte, den lokalen Gegebenheiten an, um Konvertiten für eine christliche Gemeinschaft zu gewinnen. Anschließend segelte er nach Shangchuan, vor der Küste von Guangthou, kam von dort aus jedoch nicht weiter aufs Festland, weil dies Ausländern nicht erlaubt war. Bevor er nach China einreisen konnte, verstarb er im Alter von 46 Jahren.

Statue von Franz Xaver vor der St. Pauls-Kirche auf Malakka

DIE REISEN DES FRANZ XAVER

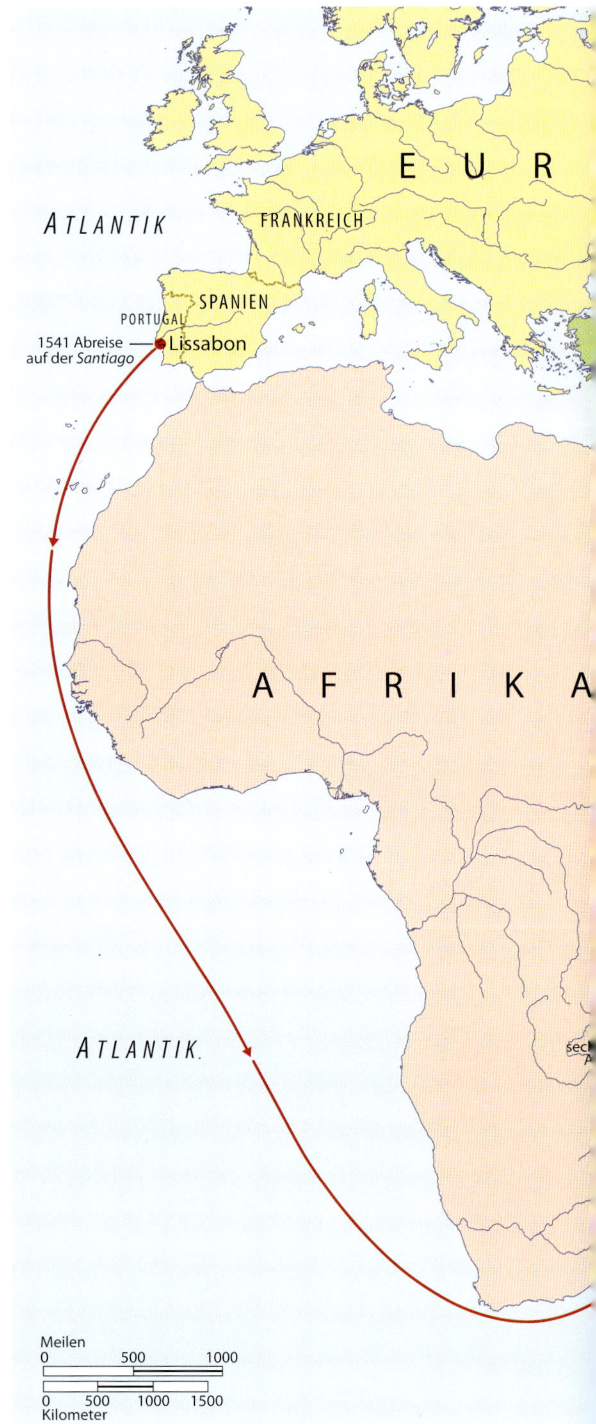

A
ASIEN
JAPAN
1550–51
Yamaguchi
1549
Kagoshima
CHINA
Dezember 1552
stirbt an Fieber
1549
Canton
Shangchuan
INDIEN
Bombay
Goa
St. Thomas
Mai 1542,1548,
1552 Aufbruch nach China
an Bord der Santa Cruz
Kap Komorin
SRI LANKA
Oktober 1542–1545
lebt in Südindien
und Sri Lanka
1544,1546–47,
1549,1551
Malakka
SUMATRA
BORNEO
MOLUKKEN
1546
Inselaufenthalte:
Amboin, Ternate,
Baranura, Morotai
PAZIFIK
lindi
SANSIBAR
Mosambik
INDISCHER OZEAN
AUSTRALIEN

Katholische Missionare in Amerika

Portugal hielt sich an die von Papst Alexander VI. gezogene Demarkationslinie und besiedelte Brasilien. Der Rest Lateinamerikas fiel in den Einflussbereich Spaniens.

Kolumbus entdeckte die Bahamas im selben Jahr, in dem Spanien die Mauren aus ihrer letzten Festung auf der Iberischen Halbinsel vertrieb. Mit einem ähnlichen Glaubenseifer fielen auch Kolumbus' Zeitgenossen in die Neue Welt ein. Das Streben nach Reichtum und militärischem Erfolg, verbunden mit dem Missionsgedanken, war die Grundlage für das gigantische Imperium, das Spanien auf den amerikanischen Kontinenten errichtete. Obwohl die Männer dieses Eroberungsfeldzugs oft grausam waren und fragwürdige Methoden für ihre Ziele nutzten, verstanden sie sich selbst als diejenigen, die die Ureinwohner von ihrem Aberglauben befreiten. Hernán Cortéz (1485–1547), der Eroberer Mexikos, ging täglich zur Messe, führte stets eine Statue der Heiligen Jungfrau mit sich und ließ ein Kreuzbanner vor seinen Truppen tragen.

Auf brutale Art und Weise unterwarfen die Spanier die Reiche der Azteken in Mexiko und der Inka in Peru. Cortéz tötete mehr als 3.000 Chololteken in Mexiko und Francisco Pizarro (ca. 1471/76–1541) ermordete tausende von Inka in Peru. Der König der Inka wurde zum Tode auf dem Scheiterhaufen verurteilt, nach seiner Zustimmung zur Taufe wurde das Urteil auf Tod durch Erdrosseln reduziert.

Mit der Eroberung dieser beiden Länder hatte Spanien Zugang zu reichen Edelmetallvorkommen und weitläufigen Landstrichen, die unter spanischen Siedlern aufgeteilt wurden. Die Landeigner durften die indigene Bevölkerung wie Sklaven halten, mit der Auflage, dass sie ihnen Schutz gewährten und sie im christlichen Glauben unterwiesen. Obwohl Königin Isabella von Spanien die Sklavenhaltung verbot und Karl V. versuchte, die Rechte der Ureinwohner zu schützen, wurden den

Karte 42

KATHOLISCHE MISSIONARE AUF DEN AMERIKANISCHEN KONTINENTEN

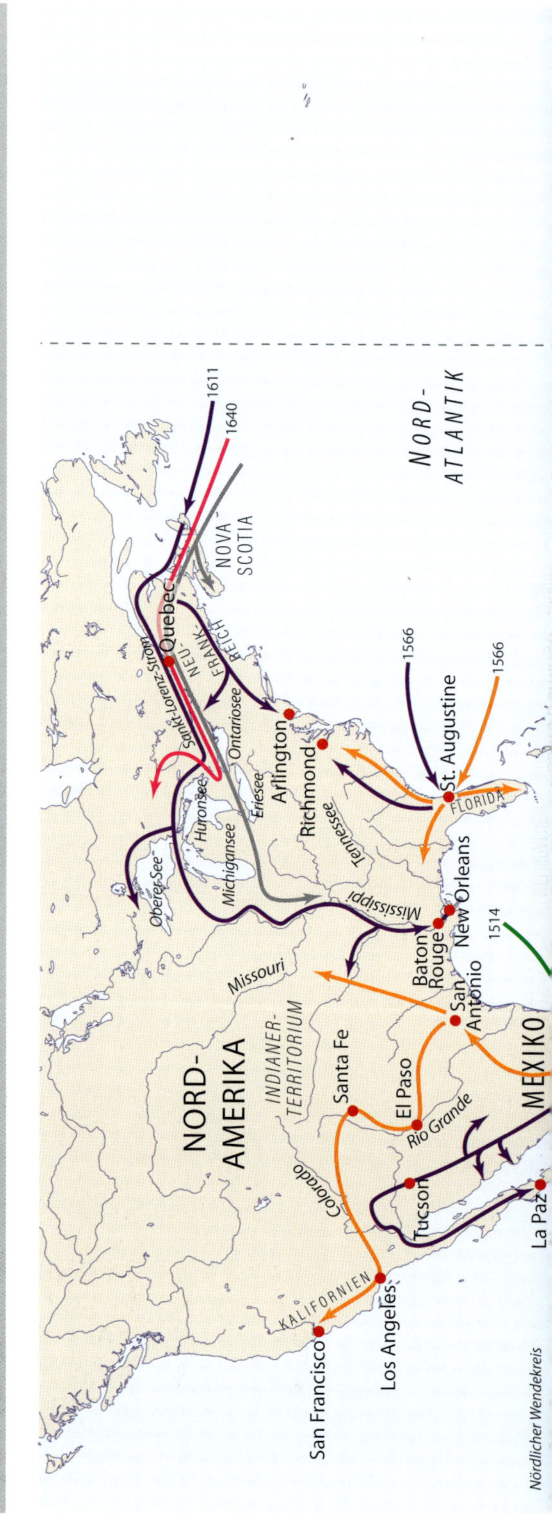

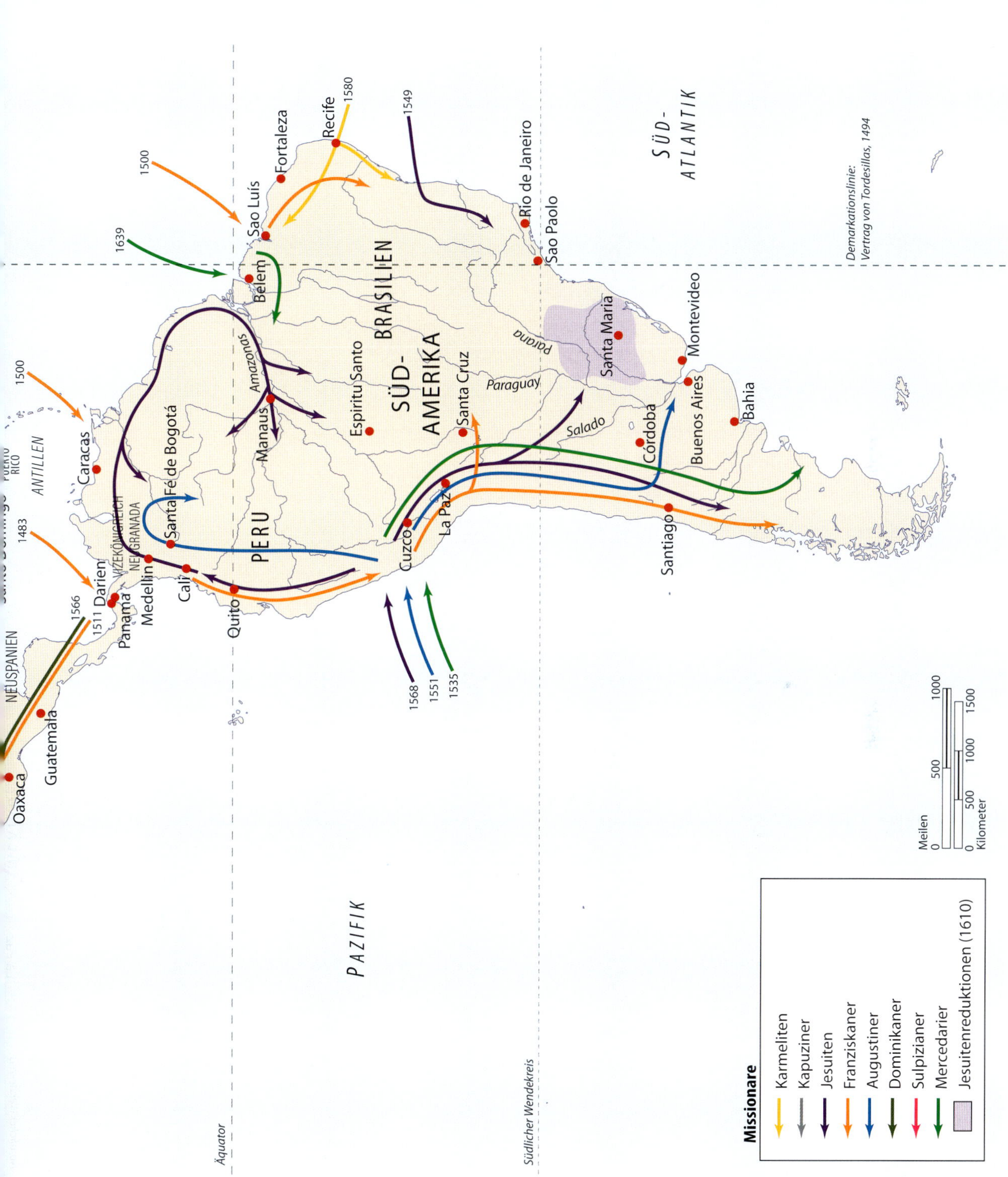

SÜD-AMERIKA
BRASILIEN
PERU
VIZEKÖNIGREICH NEUGRANADA
NEUSPANIEN
ANTILLEN
PUERTO RICO
SÜD-ATLANTIK
PAZIFIK
Äquator
Südlicher Wendekreis
Demarkationslinie: Vertrag von Tordesillas, 1494
Amazonas
Paraná
Paraguay
Salado
Oaxaca
Guatemala
Panama
Darien
Medellín
Cali
Quito
Caracas
Santa Fé de Bogotá
Manaus
Belém
Sao Luís
Fortaleza
Recife
Espiritu Santo
Santa Cruz
La Paz
Cuzco
Rio de Janeiro
Sao Paolo
Santa Maria
Montevideo
Buenos Aires
Córdoba
Santiago
Bahia
1566
1511
1483
1500
1639
1500
1580
1549
1568
1551
1535
Meilen 0 500 1000
0 500 1000 1500 Kilometer
Missionare
Karmeliten
Kapuziner
Jesuiten
Franziskaner
Augustiner
Dominikaner
Sulpizianer
Mercedarier
Jesuitenreduktionen (1610)

Statue des Francisco Pizarro in Trujillo, Caceres, Spanien

Befehlen weit entfernter Monarchen keine Beachtung geschenkt. Es ist überraschend, wie viele trotz der entsetzlichen Behandlung zum Christentum konvertierten. Die Missionare behaupteten, zwischen den Jahren 1524 und 1531 mehr als eine Million Menschen getauft zu haben. Jedoch überschätzten sie deutlich ihren Erfolg. Meistens war die Konvertierung nur oberflächlich, die Getauften hatten nur ein geringes Verständnis des von ihnen angenommenen Glaubens. Stattdessen entstand öfter eine Mischform aus christlicher Tradition und indigenen Bräuchen und Riten.

Die Urbevölkerung wurde von den Spaniern als minderwertig angesehen. Auch der Versuch eines Bischofs, eine Schule bei Mexiko City zur Ausbildung indigener Missionare zu gründen, stieß auf Ablehnung beim Laienpriestertum. Nur wenige spanische Priester stellten sich dem entgegen. Der namhafteste unter ihnen war Bartolomé de Las Casas, dessen Vater auf der zweiten Fahrt unter Kolumbus in die Neue Welt gereist war. De Las Casas empfand die Behandlung der ursprünglichen Bevölkerung bösartig und nicht mit der christlichen Lehre vereinbar. Er widmete sein Leben dem Kampf für ihre Rechte und setzte sich unermüdlich in Spanien und den spanischen Kolonien für eine Verbesserung der Umstände ein. Meist traf er auf heftigen Widerstand. Nur eine Handvoll anderer Priester und Laien kämpfte auf seiner Seite.

Jesuitische Missionare

Auf ihrer Suche nach Missionszielen in Amerika, Afrika und Asien reisten die Jesuiten oft auf spanischen oder portugiesischen Schiffen mit, die selbst auf der Suche nach Kolonien und Reichtum waren. Oft vermittelten diese Missionare den Konvertiten ihre ganz eigene Form des Katholizismus. Die Jesuiten spielten eine wichtige Rolle in der Hinwendung Brasiliens und Paraguays zum Christentum. Zusammen mit den Dominikanern und Augustinern erweiterten sie das Einflussgebiet der katholischen Kirche zwischen 1550 und 1650 um Mexiko, Zentral- und Südamerika sowie um die Philippinen.

Um die indigene Bevölkerung vor Ausbeutung zu schützen, entwickelten die Jesuiten einen kontroversen Plan: Zwischen 1583 und 1605 gründeten sie eine Reihe autarker Reservate, die den Guarani Paraguays und Brasiliens Lebensraum und Schutz vor spanischen Siedlern boten, die sich wiederum gegen das Vorgehen der Jesuiten wehrten. Jedoch konnte der Orden auf die finanzielle und juristische Unterstützung Philipps III. von Spanien bauen. Das Projekt war erfolgreich und später nicht mehr auf die finanzielle Unterstützung der spanischen Krone angewiesen.

Rund 30 dieser Siedlungen, „Staaten" oder „Reduktionen" genannt, wurden von den Jesuiten gegründet. Es gab dort Schulen, Krankenhäuser und Arbeits- sowie Freizeitanlagen. Die quadratisch angeordneten Siedlungen mit der Kirche im Zentrum wurden oft in der Nähe des Wassers gebaut. Die Bewohner führten ein sehr reglementiertes Leben und waren von der „Korruption" der restlichen Gesellschaft abgeschirmt. Dieses System wurde im Nachhinein für seine straffe Reglementierung und Bevormundung der indigenen Bevölkerung kritisiert.

JESUITENSTAATEN / JESUITENREDUKTIONEN IN PARAGUAY Karte 43

Die Hugenottenkriege

Im Jahr 1555 entstand eine reformierte Kirche in Paris, fünf Jahre später hatten sich mehr als 70 protestantische Gemeinden in Frankreich entwickelt. Viele der französischen Protestanten kamen aus der reichen Adelsschicht oder waren mittelständische Händler und Handwerker. 1559 entschied sich die erste Nationalsynode dieser „Hugenotten" genannten Gruppe für ein calvinistisch geprägtes Glaubensbekenntnis.

1561 wurde in Poissy bei Paris ein Religionsgespräch einberufen, mit dem Ziel, die französischen Protestanten und die Katholiken miteinander zu versöhnen. Auf katholischer Seite wurde das Gespräch von Kardinal François de Tournon (1489–1562) geführt, auf protestantischer von Theodore Beza und Peter Marty Vermigli. Jedoch scheiterte dieses Vorhaben.

Zwischen 1562 und 1598 folgte eine Reihe von acht Bürgerkriegen, in denen die Hugenotten und Katholiken um die Vormachtstellung in Frankreich rangen. Dem Frieden von Saint Germain-en-Laye (1570) folgte eine kurze Atempause. Den Hugenotten wurden pro Département zwei Versammlungsorte zugestanden, der Adel bekam das Recht, seinen Glauben frei zu wählen und vier Städte gerieten unter hugenottische Kontrolle: Cognac, La Charité-sur-Loire, Montauban und La Rochelle.

Die Bartholomäusnacht

Der Friede wurde jedoch am Bartholomäustag 1572 gebrochen. In Paris und anderen Orten wurden Hugenotten systematisch kaltblütig ermordet. Dieses Ereignis war ein schwerer Schlag für den Protestantismus in Frankreich, konnte ihn jedoch nicht zerstören. Mit der Thronbesteigung des Hugenotten Heinrich IV. bestand Hoffnung auf ein Wiedererstarken, jedoch schlossen die französischen Katholiken ein Bündnis mit dem König von Spanien und drohten, das Land in blutiges Chaos zu stürzen, sollte Heinrich bei seiner Konfession bleiben. Um des Friedens willen gab er nach, rettete dabei allerdings auch seine Herrschaft. Heinrich soll fälschlicherweise gesagt haben, dass „Paris eine Messe wert" sei.

Nach erfolgreichem Vorgehen gegen seine Feinde konnte Heinrich durch das Edikt von Nantes 1598 einen Kompromiss schließen. Die Hugenotten erhielten das Recht, öffentliche Gottesdienste abzuhalten und offizielle Ämter zu besetzen, außer in den Städten Paris, Rheims, Toulouse, Lyon und Dijon. Andere Städte wurden zu Zufluchtsorten für Protestanten deklariert. Der Katholizismus blieb dennoch mehrheitlich die Staatsreligion des Reichs.

Das Edikt von Nantes

Das unsichere und wacklige Edikt überlebte noch bis zu seiner Aufhebung 1685 durch König Ludwig XIV., die auch teilweise von den Jesuiten vorbereitet worden war. Hunderte von Protestanten kehrten zurück zum Katholizismus, während tausende andere aus dem Land flohen. Viele Hugenotten fanden Zuflucht in Genf, Preußen, England, Nordamerika und den Niederlanden. Einige blieben jedoch und ertrugen die Verfolgungen oder flohen in die Berge Zentralfrankreichs.

DIE HUGENOTTENKRIEGE IN FRANKREICH

Karte 44

Die Niederländische Reformation

600 Jahre lang waren die Niederlande Teil eines Königreichs, das eingepfercht zwischen den fränkischen und deutschen Machtgefügen lag: Burgund. Die Region bestand aus 17 eigenständigen Provinzen; im Norden wurde Flämisch und Holländisch gesprochen, während die Wallonen im Süden einen französischen Dialekt sprachen. Vereint unter dem Banner des Herzogs von Burgund waren die Bewohner ein nach Unabhängigkeit strebendes Volk.

Die ersten Protestanten in den Niederlanden waren Lutheraner, dicht gefolgt von den Täufern. Nach dem Fall des radikalen Täuferreichs zu Münster waren die friedlich gesinnten Mennoniten die vorherrschende Täuferbewegung in den Niederlanden und Belgien.

1509 wurde der in den Niederlanden gebore Karl V. Herzog von Burgund. Anfänglich unterdrückte er die Religionsvielfalt des Landes noch: Zwischen 1518 und 1528 wurden etwa 400 Menschen wegen abweichender religiöser Tendenzen verurteilt. Die ersten Opfer waren zwei Lutheraner, die 1523 auf dem Scheiterhaufen verbrannt wurden. Jedoch wurden diese Verfolgungen nicht vom Volk unterstützt. Die örtlichen Behörden weigerten sich oft, die Gesetze gegen Ketzerei durchzusetzen, und an manchen Orten versammelten sich Leute, um gegen die Hinrichtungen zu protestieren.

Beginn des Calvinismus

In den 1550ern entwickelten sich die ersten Ableger des Calvinismus im Land. So verfasste Guido de Bray (1522–1567), ein französischsprachiger, in Genf ausgebildeter Geistlicher, 1561 ein niederländisches Bekenntnis (*Confession de foy*), das 1566 auf der Synode von Antwerpen angenommen wurde. 1574 wurde zudem die Universiät von Leiden gegründet, um reformierte Theologie weiter zu fördern.

Das Bekenntnis wurde dem neuen Herrscher der Niederlande, Philipp II. von Spanien, vorgelegt und enthielt zudem ein Schreiben, das dem Regenten die Treue seiner Untertanen versicherte. Jedoch war Philipp ein eifriger Verfechter des Katholizismus und nicht bereit, Häretikern Zugeständnisse zu gewähren. Obwohl er damit seine Untergebenen abschreckte und entfremdete, verfolgte er die Abweichler hartnäckig. Sein Vorsatz, Ketzerei auszumerzen und den Stolz der Niederlande zu brechen, führte unweigerlich zum Krieg.

Der Aufstand

Der Krieg war hauptsächlich ein Protest der Grafen von Egmond und Hoorn und Wilhem I. von Nassau-Oranien („der Schweigsame") gegen die spanische Unterdrückung, war aber zugleich ein Religionskrieg. 1566 fegte ein Bildersturm durch die Niederlande, als fanatische Protestanten Kirchen und Klöster angriffen und dort Kunstwerke und Bilder zerstörten. Philipp II. hatte sich bereits nach Spanien zurückgezogen und seine Schwester, Margarethe von Parma, zur Statthalterin ernannt. Sie machte den Aufständischen einige Zugeständnisse, um die Ordnung wiederherzustellen. Ein Jahr lang, von April 1566 bis April 1567, gab es keine weiteren Verfolgungen und der Protestantismus gedieh.

1567 holte Philipp II. jedoch zum Vergeltungsschlag aus und sandte den gnadenlosen Herzog von Alba mit 10.000 Soldaten in die Niederlande. Seine Statthalterschaft war eine Terrorherrschaft, in der die beiden Grafen Egmond und Hoorn, die Philipp ihre Treue geschworen hatten, öffentlich hingerichtet wurden. Weitere 6.000-8.000 Menschen wurden durch ein Sondergericht, von den Aufständischen „Rat der Unruhen" genannt, verurteilt und größtenteils auch hingerichtet. Die beiden Grafen wurden nach ihrer Hinrichtung als Märtyrer gefeiert. Alba führte auch Strafbesteuerung ein und unterdrückte die Selbstständigkeit der Provinzen. Viele Protestanten flohen in benachbarte Länder.

Protestantische Ausbreitung 1545–65
Bildersturm 1566 („Wunderjahr")
NORDSEE
Leeuwarden
GRONINGEN
Groningen
FRIESLAND
Ems
Amsterdam
HOLLAND
Leiden
UTRECHT
Den Haag
Delft
DEUTSCHLAND
's-Hertogenbosch
Breda
Middelburg
BRABANT
Venlo
Turnhout
Rhein
Brügge
Hulst
Antwerpen
Maas
Gent
FLANDERN
Schelde
Mechelen
Oudenarde
Brüssel
Louvain
FÜRSTBISTUM LÜTTICH
LUXEMBURG
Tournai
HENNEGAU
Valenciennes
ERZBISTUM CAMBRAI
FRANKREICH
Meilen
0
50
0
50
Kilometer

Niederländische Unabhängigkeit

Wilhelm von Oranien entwickelte sich im Laufe des Konflikts mit Spanien zum strahlenden Helden der Niederlande. Seinen stärksten Rückhalt fand er in den Provinzen Holland, Zeeland und Utrecht, in denen der Calvinismus stark war. 1572 eroberten seine „Wassergeusen" wichtige Häfen und besiegten die spanische Flotte in der Zuiderzee (heutiges IJsselmeer). Die Rebellen öffneten selbst die Deiche, um die Invasion der spanischen Armee zu verhindern. Philipp II. konnte die nördlichen Provinzen nicht wieder zurückerobern. 1577 hatte er den Großteil der Niederlande verloren.

Die sogenannte „Spanischen Furie", die Plünderung Antwerpens und die Ermordung von 8.000 Einwohnern durch spanische Truppen, die lange nicht mehr bezahlt worden waren, erweckte den Zorn der Südprovinzen. 1576 schlossen sie ein Abkommen, die Genter Pazifikation, mit den Nordprovinzen. Im Folgejahr fanden sich alle Provinzen zur Union von Brüssel zusammen, Protestanten und Katholiken vereinigten sich, um der spanischen Tyrannei Widerstand zu leisten.

Die spanische Herrschaft konnte nur durch einen neuen Feldherrn, den Herzog von Parma (1545–92), gerettet werden, der 1578 mit 20.000 Soldaten und Siegen auf dem Schlachtfeld die Treue der Südprovinzen wiedergewinnen konnte. 1579 schlossen sich diese zur Union von Arras zusammen. Die nördlichen Provinzen, Holland, Zeeland, Utrecht, Gelderland und Friesland reagierten daraufhin mit einem eigenen Bündnis, der Utrechter Union, in dem sie erklärten, dass sie sich der Gewissensfreiheit aller Bürger verpflichtet fühlten. 1581 wurde die Republik der Vereinigten Niederlande ausgerufen.

Während der Herzog von Parma viele Gebiete für sich gewinnen konnte, wurde Wilhelm von Oranien ermordet (1584) und die protestantische Sache in eine Krise gestürzt. Jedoch taten sich zwei neue, fähige Anführer hervor: Johan van Oldenbarnevelt und Moritz von Oranien, der viele der von Parma eingenommenen Städte zurückeroberte. Um 1600 hatte er die Südprovinzen so weit zurückgeschlagen, dass sie für den Norden nicht mehr gefährlich werden konnten.

Gespaltene Niederlande

1609 schloss der neue Herrscher Spaniens, Philipp III., einen zwölfjährigen Waffenstillstand, der die Teilung der Niederlande in einen katholischen Süden und einen protestantischen Norden anerkannte.

1621 brach der Krieg erneut aus, jedoch waren die Niederlande dieses Mal im Vorteil. Ihre Armeen drängten die Spanier immer weiter nach Süden zurück und die Flotte errang viele Siege. Mit dem Westfälischen Frieden von 1648 wurde der Krieg beendet und Spanien akzeptierte endgültig die Unabhängigkeit der Vereinigten Niederlande.

Die reformierte Kirche

Obwohl die Calvinisten eine wichtige Rolle im langen Prozess der Unabhängikeit von Spanien spielten, konnten sie kein zweites Genf aus den Niederlanden machen. Die reformierte Kirche wurde zur einzig anerkannten. Die Remonstranten, Mennoniten, Lutheraner und selbst Katholiken durften ihren Gottesdienst zuhause abhalten. In den Südprovinzen, die nun die Spanischen Niederlande waren, hielt der Katholizismus wieder Einzug, während gleichzeitig die protestantischen Überreste getilgt wurden.

Vereinigte Niederlande
Spanische Niederlande
Umkämpftes Gebiet
Kirchengebiet
geschätzte Sprachgrenze
Stadt mit früher lutherischer Gemeindedichte
Stadt mit früher calvinistischer Gemeindedichte
Frühe Bildung von Täufergemeinden
1550er englische und niederländische Protestanten im Exil veröffentlichen Schriften
1571 Synode niederländischer Protestanten entscheidet sich für eine reformiert-presbyterische Kirchenverfassung
Emden
Leeuwarden
GRONINGEN
Groningen
FRIESLAND
DRENTE
Egmont
ZUIDERZEE
1579 Die sieben Nordprovinzen der Utrechter Union erklären ihre Unabhängigkeit
Zwolle
OVERIJSSEL
Ems
Harlem
Amsterdam
NORDSEE
Deventer
1584 Wilhelm von Oranien wird ermodet
Den Haag
HOLLAND
GELDERLAND
Woerden
UTRECHT
Utrecht
Zütphen
ZÜTPHEN
Delft
1572 Protestantische ‚Wassergeusen' starten Rebellion gegen den Herzog von Alba
Brill
Dort
ZEELAND
1568 Protestanten fliehen nach Emden und in die Pfalz, um Verfolgungen zu entgehen
Breda
OBER-GELDERN
BRABANT
Maas
Rhein
Antwerpen
Brügge
Gent
FÜRSTBISTUM LÜTTICH
DEUTSCHLAND
FLANDERN
Calais
1585 Spanien erobert die südlichen Niederlande zurück
Köln
Ypres
Schelde
Brüssel
Maastricht
FLÄMISCH
WALLONISCH
Tournai
NAMUR
Namur
ARTOIS
Douai
HENNEGAU
Arras
Valenciennes
1579 Katholische Provinzen schließen sich zur Union von Arras zusammen; bestätigen Philipp von Spanien ihre Treue
Cambrai
ERZBISTUM CAMBRAI
LUXEMBURG
Mosel
1567 Philipp II. von Spanien entsendet den Herzog von Alba, um die Protestanten niederzuschlagen
Luxemburg
FRANKREICH
Meilen
0
50
0
50
Kilometer

Die Spanische Armada

Um jedem Angriff auf seinen katholischen Glauben zu trotzen und seinen Stolz als König Spaniens, Neapels, Portugals, der Habsburger Ländereien und der spanischen Gebiete in der Neuen Welt zu verteidigen, schuf Philipp II. die Spanische Armada. Überzeugt führte er einen Kreuzzug zur Wiederherstellung des katholischen Christentums – eine Vorstellung, die von seinen Erfolgen noch befeuert wurde: 1569–71 zerschlug er den Aufstand der Morisken, die nur zum Schein konvertiert waren, und gewann 1571 die wichtige Seeschlacht von Lepanto, in der er 70 türkische Galeeren versenkte und 130 weitere kapern konnte.

Philipp hatte lange mit sich gerungen, ob er England, das sich zunehmend als ein Dorn in seiner Seite erwies, angreifen sollte. Die Engländer unterstützten die niederländischen Rebellen, überfielen seine Handelsschiffe aus der Neuen Welt, widersetzten sich dem Papst und waren einer exkommunizierten Königin treu ergeben. 1587 wurde zudem die mit Frankreich verbündete Maria Stuart in England hingerichtet.

Im Juli 1588 entsandte Philipp die mächtige Armada, um England zu erobern und wieder dem Katholizismus zuzuführen. Seine Streitkräfte umfassten 132 Schiffe, 18.000 Soldaten, 7.000 Matrosen und 3.165 Kanonen. Dies war eine der größten Armeen, die je für eine Seeschlacht aufgestellt worden war. Zusätzlich sollten 30.000 kampferfahrene Veteranen unter der Führung des Herzogs von Parma in Calais hinzukommen, um die Streitmacht endgültig unbesiegbar zu machen. Philipp spekulierte auch darauf, dass sich die katholischen Gläubigen erheben würden, sobald seine Truppen englischen Boden betreten hatten.

Die Katastrophe

Im Angesicht einer Katastrophe, die das Ende für die anglikanische Kirche hätte bedeuten können, wartete England nur auf die Ankunft der Armada. Jedoch ging für die spanische Flotte alles schief: Ungenügende Planung, schlechte Kommunikationswege, „protestantisches" Wetter, das die Schiffe von der englischen Küste fortbließ, auf der einen und die hervorragende Seetaktik der Engländer unter der Führung Francis Drakes, Sir John Hawkins' und Lord Howard of Effinghams auf der anderen Seite, führte die Armada in den Untergang. Das Ende der Armada wurde zusätzlich von schweren Stürmen besiegelt, die die schlecht manövrierbaren Galeonen der Spanier auf ihrem Weg um die Inseln gegen die Küste schmetterten. Dieser ruhmvolle Sieg wurde noch lange nach Elisabeths Tod gefeiert und gab protestantischen Predigern immer wieder ein Argument, um England als „erwähltes Volk" darzustellen.

Philipp II. von Spanien

PHILIPP II. UND DIE ZERSTÖRUNG DER SPANISCHEN ARMADA — Karte 47

Teil 4

Europa in der Frühmoderne

Die Türme stehn in Glut, die Kirch' ist umgekehret. [...] die Starken sind zerhaun, [...] und wo wir hin nur schaun,

Ist Feuer, Pest, und Tod, der Herz und Geist durchfähret.

ANDREAS GRYPHIUS, 1636

In den 1540er und 1550er Jahren wurden unter der Führung des englischen Statthalters (*Lord Deputy*) Sir Anthony St. Leger, der persönlich kein großer Verfechter des Protestantismus war, vorsichtig religiöse Reformen nach englischem Vorbild in Irland eingeführt. Die meisten irischen Bischöfe beugten sich der Suprematsakte, die Heinrich VIII. zum Oberhaupt der englischen Kirche machte. Während der Herrschaft Eduards VI. konnte die irische Regierung auch den weitflächigen Gebrauch des *Book of Common Prayer* einführen. Nur im hohen Norden, im abgelegenen, gälisch geprägten Erzbistum von Armagh ließ sich keine Reform durchsetzen.

Marias I. Wiederherstellung des Katholizismus wurde in Irland mit Freuden aufgenommen. Sie begann auch, englische Siedler in den irischen Countys Offaly und Leix anzusiedeln, eine Strategie, die als „Plantation" bekannt wurde. Königin Elisabeth I. führte diese Unternehmung während ihrer Herrschaft fort.

Plantation

Die Strategie der Plantation gab den Iren einen einfachen Vorwand, alle neu ankommenden Engländer als Feinde anzusehen, und führte in den 1570er und 1590er Jahren zu bewaffneten Auseinandersetzungen. Der gälische Adel verbündete sich mit den katholischen Feinden Englands und ihren Agenten der Gegenreformation. Vor allem war dies Spanien, jedoch konnte es trotz wiederholter Versuche seinen irischen Verbündeten nicht viel Hilfe leisten. Die Katholiken Irlands arbeiteten zunehmend daran, ihre Religion weiter zu stärken. Sie waren damit so erfolgreich, dass viele jüngere Geistliche in den 1580er Jahren sich eher für die Treue zum Papst als zur englischen Königin entschieden.

Tausende verließen Irland in dieser Zeit und reisten nach Spanien und Frankreich, um dort zu leben oder einer protestantischen Ausbildung zu entgehen. Zwischen 1580 und 1649 wurden in Spanien und Portugal sechs Hochschulen mit dem erklärten Ziel gegründet, irische Priester auszubilden. Diese kehrten nach ihrem Abschluss wiederum zurück nach Irland und lebten dort oft in Bettelorden im Westen des Landes. Deren gemeinschaftlicher Lebensstil war seit ihrer Gründung ununterbrochen fortgeführt worden. Nur in wenigen irischen Städte konnten sich dagegen „ordentlich funktionierende" Protestantengemeinden entwickeln, obwohl die Gründung des Trinity College in Dublin (1591) der protestantischen Führungsschicht eine fundierte Bildung anbot.

Schottische Siedler

Die Region Ulster war der am stärksten gälisch geprägte Teil des Landes und damit Ziel des umfangreichsten Plantationsprojekts. 1609 begann Jakob I., die Umsiedlung von Bewohnern der gesetzlosen Grenzgebiete Schottlands nach Irland zu finanzieren. Diese Siedler waren keine überzeugten Protestanten, bekannten sich jedoch zum Protestantismus, wenn es zu ihrem Vorteil gereichte. Diese „Neuengländer" hingen einer Art calvinistischer Theologie an, in der sie sich als Gottes erwähltes Volk inmitten barbarischer Papisten verstanden, und hatten schon bald die etablierte Kirche von Irland vereinnahmt.

1597 kamen die ersten Jesuiten nach Irland und bewirkten, dass es etwa 30 Jahre später ebenso viele katholische Geistliche wie protestantische gab. In Irland konnte die Gegenreformation einen ihrer größten und ungewöhnlichsten Siege erringen: Der staatlich verordnete Protestantismus wurde zum Glauben einer elitären Minderheit, während der Katholizismus sich zum Glauben des Volkes entwickelte – ein für die Reformation einmaliges Ereignis.

KATHOLIKEN UND PROTESTANTEN IN IRLAND

Karte 48

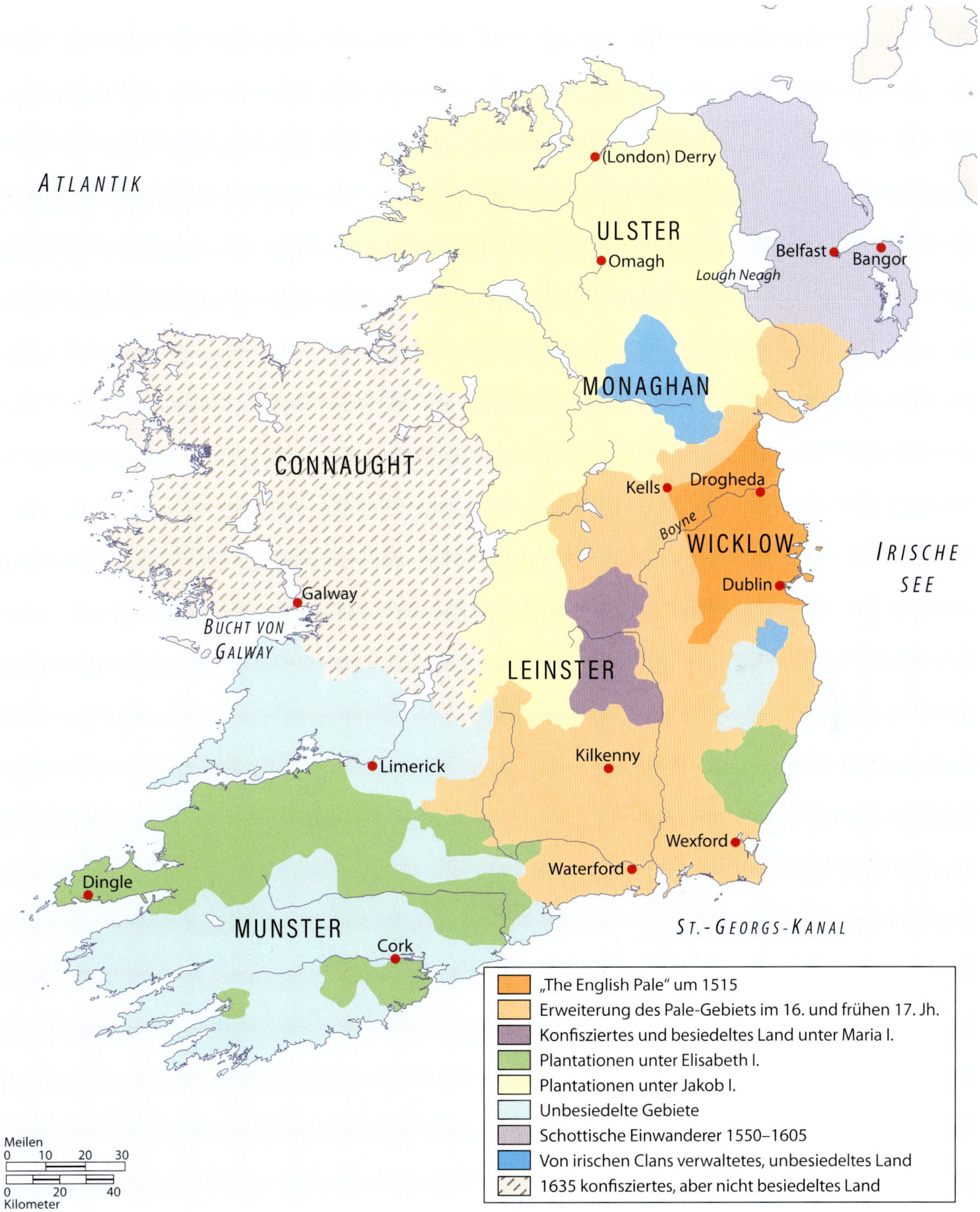

Die Auswanderung der Puritaner

Bereits im frühen 17. Jahrhundert begannen Protestanten, sich in Nordamerika anzusiedeln, überwiegend an der Atlantikküste. Die Reformation hatte den Nebeneffekt, dass sie unterdrückten Menschen eine geistliche Motivation gab, ihr Land zu verlassen. Die ersten Siedler vereinten missionarischen Eifer mit diesem Drang zur Glaubensfreiheit, hatten dennoch oft auch wirtschaftliche Interessen im Hinterkopf.

Nach den ersten Versuchen der Besiedlung durch Entdecker wie Sir Humphrey Gilbert und Sir Richard Grenville wurde 1609 mit Jamestown in Virginia die erste Kolonie gegründet. Die Siedlung hatte einen anglikanischen Geistlichen, Robert Hunt, jedoch war die anglikanische Kirche nie besonders beliebt in Virginia oder den anderen Kolonialstandorten. Zudem wurde nie ein Bischof für die Region Neuengland aufgestellt, womit sich ebenfalls keine episkopale Kirche in der Kolonialzeit bilden konnte.

Ohnehin kamen viele der Siedler aus englischen, non-konformen oder aus separatistischen Gruppierungen in den Niederlanden. Die Pilgerväter, die 1620 Plymouth erreichten, hatten die Strukturen der englischen Kirche schon lange verlassen, um Kirchenasyl in den Niederlanden zu suchen.

Jakob I.

König Jakob I. hatte noch versucht, die puritanischen Geistlichen wieder mit der Kirche zu versöhnen, denen die Reformen der anglikanischen Kirche nicht weit genug gingen. Sein Nachfolger Karl I. verschärfte den religiösen Konflikt noch, indem er das ihm gegenüber kritische Parlament 1629 auflöste. Unter seinen Parlamentsgegnern befanden sich auch viele puritanische Laienprediger.

In diesem von religiöser und politischer Feindseligkeit geprägten Klima entschieden sich viele Puritaner, das Land zu verlassen. Während dieser Auswanderungswelle (1629–40) verließen 80.000 Menschen England,

Nachbau des Pilgerschiffs *Mayflower* vor Massachusetts, Neuengland

PURITANISCHE AUSWANDERUNG NACH NORDAMERIKA

Karte 49

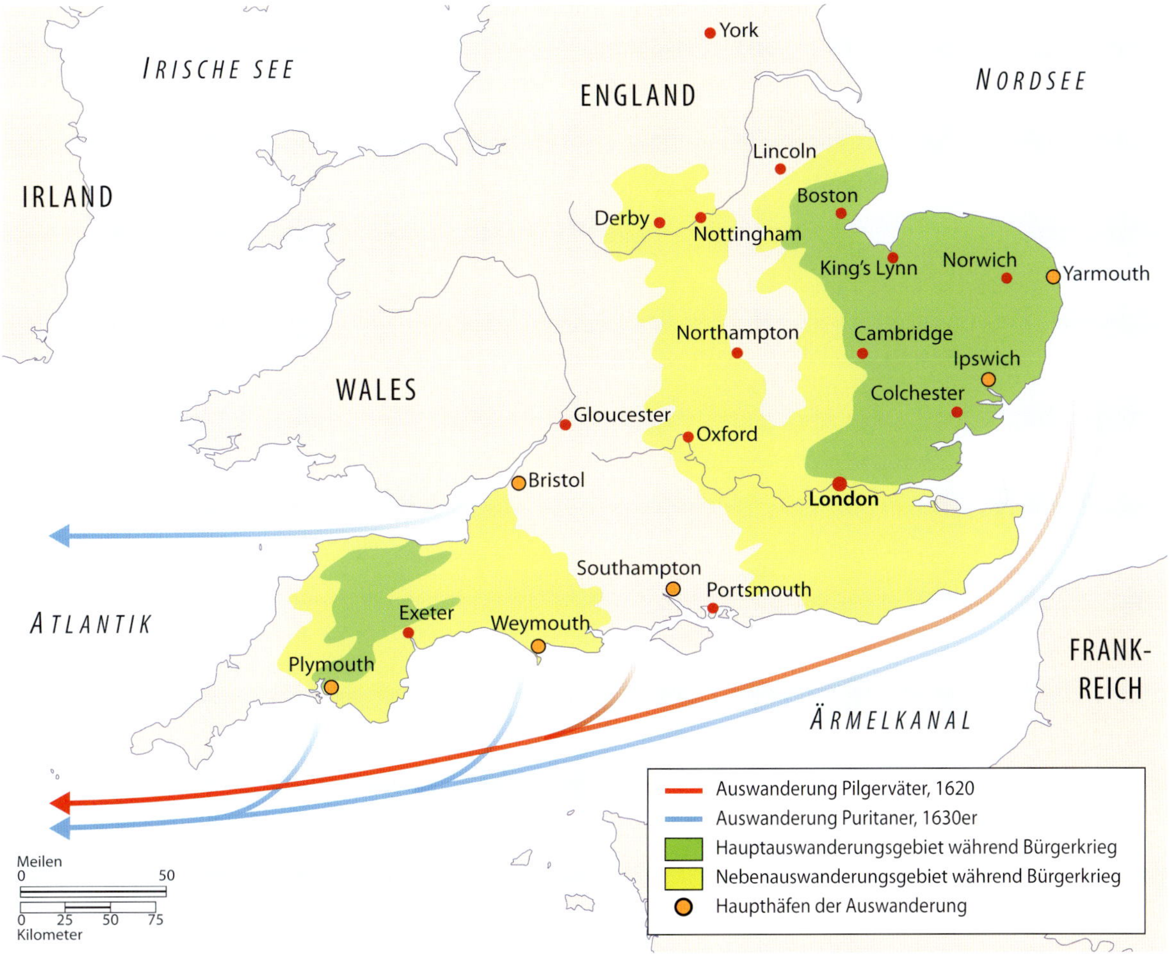

von denen etwa je 20.000 nach Irland, Neuengland, die Karibik und die Niederlande auswanderten. Eine aus elf Schiffen bestehende Flotte (die sog. Winthrop-Flotte), angeführt von John Winthrops Flaggschiff *Arabella,* brachte 1630 etwa 800 Passagiere in die Massachusetts Bay Colony. Die Auswanderer kamen aus allen englischen Landkreisen außer Westmoreland County; fast die Hälfte ausschließlich aus Norfolk, Suffolk und Essex. 1641 hatten 200 Schiffe etwa 21.000 Auswanderer in die Neue Welt gebracht, unter ihnen auch 129 Geistliche und Theologen, die Verbindungen zur Universität von Cambridge oder nach Ostanglien hatten. Viele dieser Geistlichen verließen nicht nur ihre Gemeinden, sondern auch ihre Familien. Im Allgemeinen waren es jedoch gebildete und begüterte Familien, die nach Neuengland auswanderten. Die Auswanderungsbewegung hielt noch bis zur Wiedereinberufung des Parlaments 1640 an und versiegte danach langsam. Bei Beginn des englischen Bürgerkriegs 1641 kehrten einige Siedler bewusst zurück, um auf puritanischer Seite zu kämpfen. Ihnen folgten etwa 7 bis 11 Prozent der Siedler, die nach 1640 wieder nach England kamen, einschließlich einem Drittel der Priester und Theologen.

Lage des Christentums um 1600

Im späten 16. und frühen 17. Jahrhundert erschütterten Religionskriege jedes Land in Europa. Jedoch waren bei diesen Konflikten auch andere, ebenfalls brandgefährliche Komponenten: aufkeimender Nationalismus, Konkurrenzkämpfe zwischen Adelsfamilien oder Monarchen und ihren ehrgeizigen Adelsständen sowie der allmähliche Verfall der kaiserlichen Autorität. In Deutschland spielten all diese Faktoren eine Rolle. Zusätzlich wurde die Lage noch durch eine Vielzahl kleiner Fürstentümer und Staaten, die noch aus dem Feudalwesen stammten, verkompliziert.

Der Augsburger Religionsfrieden von 1555 hatte lediglich eine Atempause im Konflikt geschaffen. Die Landgewinne der Protestanten erreichten ihren Zenit um 1566, gingen dann jedoch wieder im Laufe der militanten Gegenreformation zurück. Der protestantischen Union von 1608 stellte sich 1609 eine katholische Liga entgegen.

Den Reformen, Teilungen und Revolutionen des 16. Jahrhunderts folgten geografische, kirchliche und theologische Umwälzungen, Neudefinitionen und Verschärfungen. Mit dem Trienter Konzil steckten die führenden Geistlichen der lateinischen Kirche ihre Lehre neu ab und prägten damit den Kurs einer neu belebten und neu orientierten römisch-katholischen Kirche.

Unter der Führung Jakob Andraes (1528–90) und Martin Chemnitz' (1522–86) verfassten die Lutheraner mit der Konkordienformel von 1577 ein verbindliches und einheitliches Lehrbekenntnis, das von vielen deutschen Landeskirchen angenommen wurde.

Auf der Synode von Dordrecht (1618–19) positionierten sich Calvinisten aus den Niederlanden, England, Schottland, der Schweiz, der Pfalz und anderen deutschen Staaten gegen unerwünschte Einflüsse von Abweichlern. So wurde eine verbindliche Prädestinationslehre formuliert in Abgrenzung zu Jakob Arminius (1560–1609) oder Hugo Grotius (1583–1645). Ein Vertreter der calvinistischen Orthodoxie war Franciscus Gomarus (1563–1641), der seinen Beitrag zur Systematisierung reformierter Glaubenslehren leistete.

Positionierung und Abgrenzung der vier Kirchen übertönten jedoch auch gemäßigtere Stimmen aus den eigenen Reihen. Nach der Dordrechter Synode traf dies die Arminier. Auch moderate Katholiken wurden verfolgt. Zudem wurden diese Beschlüsse nicht überall akzeptiert oder in ihrer Reinform umgesetzt: Das Trienter Bekenntnis wurde in Frankreich nie abgedruckt und die Konkordienformel in Hessen, Zweibrücken, Anhalt, Pommern, Holstein, Dänemark, Schweden, Nürnberg, Straßburg und Magdeburg nicht angenommen. Die anglikanische Kirche integrierte traditionelle Kirchenstrukturen wie das Episkopat in ihre Kirchenverfassung.

Während des Mittelalters war die Kirche flexibel gewesen und hatte sich den unterschiedlichen Gebräuchen in Europa angepasst. Die neuen Bekenntnisschriften brachten eine gewisse Einheitlichkeit in ihre jeweilige Kirche. Zu diesem Zweck wurden nun auch Laien geschult, mehr Ausbildungsstätten für Geistliche geschaffen und der Mission mehr Aufmerksamkeit als vorher geschenkt.

Trotz ihrer Unterschiede beriefen sich alle Konfessionen auf die Kirchenväter und frühe Glaubensbekenntnisse sowie Lehren und Riten aus dem Mittelalter. Die große Kluft zwischen den Gruppen entstand hauptsächlich durch die Frage nach der höchsten Instanz: Für die römisch-katholische Kirche war es der Papst, für die Protestanten die Bibel. Grundlegende Unterschiede fanden sich außerdem in der Rechtfertigungslehre, dem Abendmahlsverständnis oder der Lehre von der Prädestination.

KONFESSIONELLE VERTEILUNG IN EUROPA UM 1600 Karte 50

Die ersten Siedler

Die Vorläufer der ersten Kolonien an der nordamerikanischen Ostküste waren englische Fischerei- und Handelsposten. Die Besiedlung des Kontinents begann mit der kommerziell motivierten Gründung von Jamestown 1607 in Virginia. Die Kolonie wurde straff und aristokratisch geführt und schon bald folgte der Bau einer anglikanischen Kirche. Zwischen den eigenständigen Bauern, Kunsthandwerkern und der englischen Regierung bahnten sich schon bald erste Konflikte an. Die Regierung wollte die Kolonialwirtschaft mit der Bewirtschaftung von Plantagen aufbauen und so begann 1612 der Tabakanbau, für den 1619 die ersten afrikanischen Sklaven auf holländischen Schiffen ins Land gebracht wurden.

Die Pilgerväter

In den 1610er und 1630er Jahren wurden die ersten religiös motiverten Siedlungen von separatistischen Engländern gegründet. Diese, im Nachhinein als „Pilgerväter" bekannt gewordene, Gruppe hatte England ursprünglich aufgrund religiöser Verfolgung verlassen und war in die Niederlande geflohen. Von dort aus verließen sie Europa an Bord der Mayflower, um einen Ort zu finden, an dem sie ihren Glauben frei ausleben und ihr Ideal einer christlichen Gemeinschaft verwirklichen konnten. Sie gingen bei Cape Cod von Bord, das etwas weiter südlich von dem ihnen gewährten Territorium lag. Ihr erstes Regierungsdokument war der Mayflower-Vertrag, in dem sie ihr christlich-puritanisches Verständnis freiwilligen Zusammenlebens auf einer politischen Ebene formulierten. Ihre Siedlung, Plymouth, war verhältnismäßig demokratisch organisiert und so konnte ihre Idee des Gesellschaftsvertrags in der Massachusetts Bay Colony bald Fuß fassen.

Die Massachusetts Bay Company

Weitere Siedlungen wurden in den Gebieten gegründet, die heute in New Hampshire und Maine liegen. 1629 und 1630 erreichten unter dem Schutz der Massachusetts Bay Company rund 22 weitere Schiffe und 1.400 Siedler die Ostküste. Etwa 20.000 Puritaner verließen in den Jahren von 1630 bis 1643 England, weil sie der Meinung waren, dass die anglikanische Kirche immer weiter auf katholische Praktiken zurückfiel, wogegen sie sich vehement zur Wehr setzten. Die Siedler der Massachusetts Bay-Kolonie blieben der englischen Kirche verpflichtet, wollten jedoch von innen heraus an neuen Reformen arbeiten.

Sowohl die Pilger als auch die Bewohner von Massachusetts Bay glaubten, dass es möglich sei, eine ideale christliche Gesellschaft, bestimmt von christlichen Prinzipien, zu errichten – einen irdischen Prototyp des himmlischen Jerusalem. Der erste Governeur von Massachusetts Bay, John Winthrop (1588–1649), prägte den berühmten Begriff „city upon a hill" in seinem Ausspruch: „Wir sollten davon ausgehen, dass wir die Stadt sein werden, die auf einem Berg liegt, dass die Augen aller Völker auf uns gerichtet sein werden." Sowohl um ein *Mitglied* der Kirche als auch ein *Bürger* der Kolonie zu werden, musste Zeugnis von einer wahrhaften christlichen Umkehr gegeben werden. Alle anderen waren lediglich Besucher in der Kirche und Bewohner der Kolonie. Die Vorsteher der Siedlungen glaubten daran, dass sie einen neuen Bund mit Gott geschlossen hatten, und übten ihre regulären Aufgaben aus, als wären sie von höherer Stelle dazu berufen worden. Massachusetts mit seinen ersten Dörfern Salem, Boston, Dorchester und Watertown rief eine staatliche Kirche und eine Abgeordnetenversammlung ins Leben, die die frühere Form der offenen Versammlung ersetzte. 1636 wurde das College von Harvard errichtet.

ENGLISCHE SIEDLUNGEN IN NEUENGLAND

Karte 51

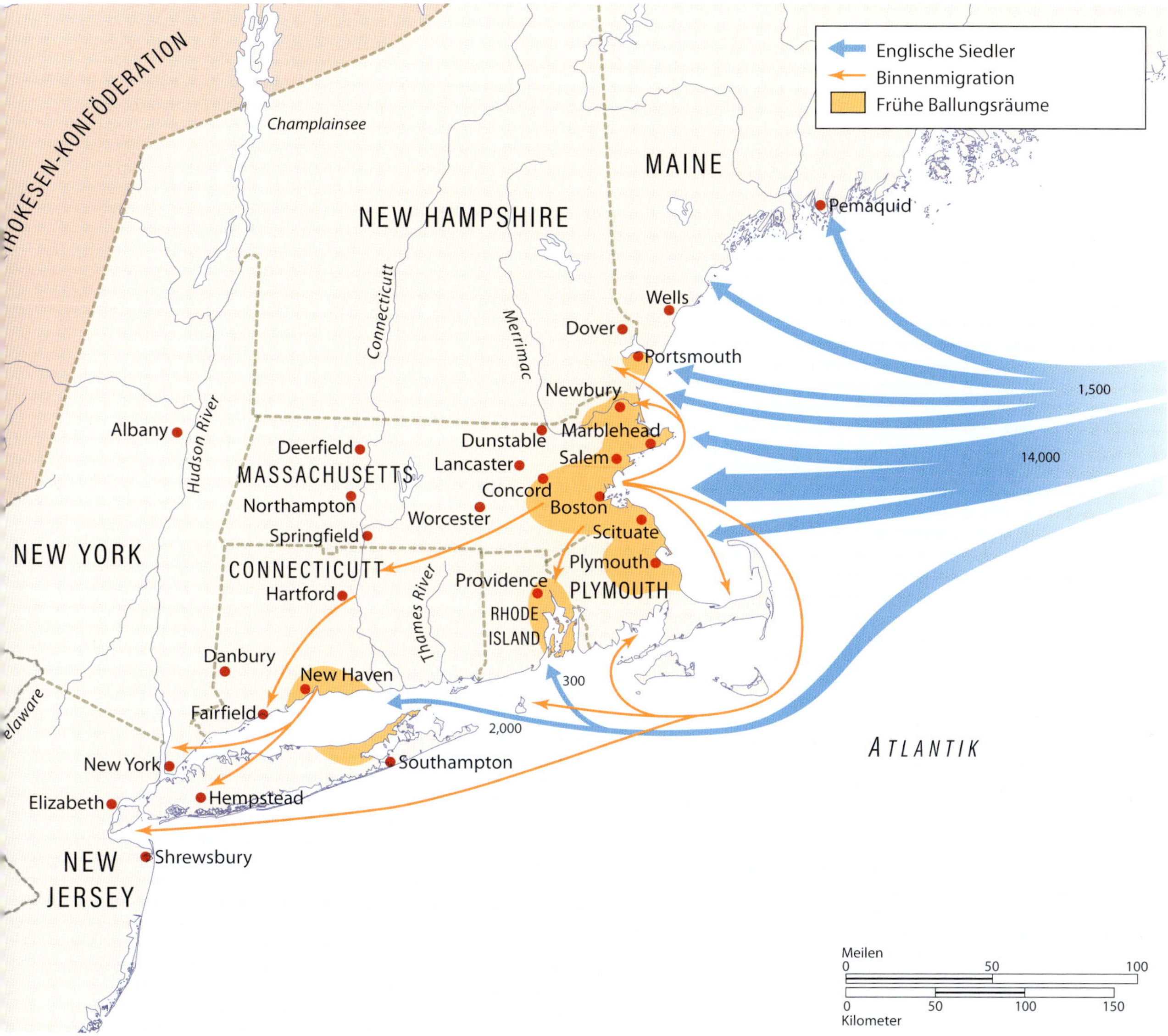

Doch kam es auch zu Konflikten zwischen den Hütern der bereits etablierten Kirchenordnung und Dissidenten wie Anne Hutchinson oder Roger Williams. Beide verließen die Kolonien und zogen in die Siedlungen des Grenzlands wie Providence und Hartford, wo sie das Gefühl hatten, ihren wirtschaftlichen Interessen und ihrer religiösen und politischen Freiheit besser nachgehen zu können. Roger Williams gründete 1636 die Providence Plantation auf Rhode Island, die schon bald für ihre religiöse Vielfalt bekannt wurde. Dort ließen sich auch Baptisten nieder, die ein weiteres Ideal mitbrachten, das in Zukunft die amerikanische Politik prägen sollte: die Trennung von Staat und Kirche.

Die Kontrolle über das Heilige Römische Reich war von Anfang an ein Drahtseilakt für Karl V. gewesen. Das Reich war ein Flickenteppich aus mehr als 300 Fürstentümern, Kirchenstaaten und Freistädten, von denen jeder Einzelne die eigenen Freiheiten verbissen vor jeglichem Versuch der Machterweiterung des Kaisers verteidigte. Der Kaiser hatte die Lutheraner nicht zurückdrängen können, da ihm die Unterstützung seiner katholischen Fürsten fehlte, die nichts riskieren wollten, dass ein erfolgreiches Vorgehen ihm mehr Macht über sie geben würde.

Die Größe seines Reichs stellte Karl vor viele Probleme; an erster Stelle die militärische Bedrohung durch Frankreich und des Osmanischen Reichs. Aufgrund dessen war er gezwungen, den aufkeimenden Protestantismus zu ignorieren – die Sicherung der Reichsgrenzen vereinnahmte seine Aufmerksamkeit. Erst 1546 sollte er gegen den Schmalkaldischen Bund vorgehen. Trotz eines entscheidenden militärischen Siegs konnte er jedoch keine feste Kontrolle über Politik und Glauben in Deutschand erlangen. Der lutherische Glaube und die politischen Privilegien der deutschen Fürsten waren zu tief im Land verankert.

Cuius regio, eius religio

1555 stimmte Karl nur widerwillig dem Augsburger Religionsfrieden zu – einer Vereinbarung, die jedem seiner Landesherren das Recht gab, über die Religion des eigenen Herrschaftsgebiets zu bestimmen, vorausgesetzt es war entweder der katholische oder der lutherische Glaube. Nach dem Motto *cuius regio, eius religio* („wessen Gebiet, dessen Religion") durfte jeder Fürst die Religion seiner Untergebenen bestimmen. Dieser Wahlspruch war auch das treibende Prinzip des Westfälischen Friedens von 1648. Trotz dieses Konzepts wurden Calvinisten, Täufer, Sozinianer und andere nicht-lutherische Protestantengruppen 1555 noch nicht anerkannt.

Anstatt die religiösen Probleme in Deutschland zu regeln, verschärfte das Augsburger Abkommen sie jedoch zusätzlich. Tausende Menschen, vor allem Reformierte und Täufer, flohen aus Deutschland in die Niederlande, nach Frankreich und England und verbreiteten dort ihre Überzeugungen.

Nach 30 Jahren, in denen Karl versucht hatte, sein Reich zusammenzuhalten und die Religionseinheit wiederherzustellen, gab er ermüdet seinen Thron auf. Die Erbländereien seiner Familie und der Kaisertitel fielen damit an seinen Bruder Ferdinand.

Religiöse Spannungen

Trotz des Religionsfriedens von Augsburg breitete sich der Calvinismus weiter in Deutschland aus und steigerte damit die religiösen Spannungen im Land. Die Calvinisten konnten den Lutheranern wichtige Gebiete wie die Kurpfalz, Ansbach und Hessen-Kassel abtrotzen, während Kurbrandenburg plötzlich nicht mehr überwiegend lutherisch dominiert war, sondern auch reformierte Landstriche aufwies. Auch Ungarn erhielt eine stark reformierte Prägung: Den lutherischen Glauben ersetzte in den 1540ern allmählich der reformierte.

Im Zuge der Gegenreformation konnte auch die katholische Kirche an den Protestantismus verlorene Gebiete zurückgewinnen. Einige deutsche Fürstentümer waren Rom immer treu geblieben und mit Hilfe der fokussierten Anstrengungen der Jesuiten konnten andere wieder der katholischen Kirche zugeführt werden. Trotz all dieser Verluste blieben die Lutheraner die größte reformatorische Gruppierung in Deutschland. Nachdem der lutherische Glaube den Schmalkaldischen Krieg und das Interim überstanden hatte, konnte er sich nun in seinen norddeutschen Hochburgen stabilisieren.

KONFESSIONSVERTEILUNG IN DEUTSCHLAND: 1618

Karte 52

Der Dreißigjährige Krieg

In Zentraleuropa brachen die Feindseligkeiten, die jahrelang unter der Oberfläche gebrodelt hatten, 1618 wieder hervor. Der Krieg begann in Böhmen, das durch zahlreiche Faktoren lange destabilisiert worden war: muslimische Einfälle, Reformation und Gegenreformation, die ungarischen, böhmischen und transsylvanischen Adelsfamilien und Territorialansprüche der Habsburger. 1617 wurde der Habsburger Ferdinand II. zum König des protestantischen Böhmen gewählt. Als von den Jesuiten ausgebildeter Katholik war er bereits berüchtigt für seine Protestantenverfolungen in Österreich. Er entsandte zwei katholische Statthalter, deren Ankunft die Protestanten jedoch so wütend machte, dass sie die beiden aus einem Palastfenster warfen („Prager Fenstersturz"). Die Protestantische Union reagierte auf ein militärisches Hilfegesuch der Böhmen und besiegte anfänglich auch die kaiserliche Armee.

Der Dreißigjährige Krieg bestand aus mehreren Kriegen – dem Böhmischen, Dänischen, Schwedischen und dem Schwedisch-Französischen Krieg, jeweils nach den Schauplätzen oder den involvierten Mächten benannt. Die Zusammenfassung zum Dreißjährigen erfolgte geschichtswissenschaftlich, weil alle Kriegshandlungen mit dem Westfälischen Frieden beendet wurden. Die erste Kriegsphase von 1618–29 war hauptsächlich religiös begründet, die zweite Phase (1630–48) drehte sich um einen Machtkampf innerhalb der Habsburger Dynastie und den Einfluss Schwedens und Frankreichs im Heiligen Römischen Reich.

1620 wurde die böhmische Armee unter Pfalzgraf Friedrich V., dem die böhmische Königskrone von den rebellierenden Reichsständen angeboten worden war, von einer katholischen Koalition unter Graf Tilly bei der Schlacht am Weißen Berg vollständig aufgerieben. Dem folgte eine gewaltsame Rekatholisierung in Böhmen und der Pfalz.

Der weitflächige Gebrauch von Söldnerarmeen machte diesen Krieg besonders verheerend: Sie lebten von dem, was sie finden konnten, und plünderten das Land. Söldnerführer wie Ernst von Mansfeld (1580–1626) und Albrecht von Wallenstein (1583–1634) wechselten die Seiten, wenn die Bezahlung angemessen war. Obwohl der Dreißigjährige Krieg oft als Religionskrieg bezeichnet wurde, spielten politische Faktoren und Gier nach persönlicher Macht ebenfalls eine große Rolle.

1625 griff der protestantische König von Dänemark, Christian IV. (1588–1648), ein, um einen vollständigen Sieg der Katholiken zu verhindern. Er wurde jedoch von einer bayerischen Armee unter Graf Tilly 1626 bei Lutter geschlagen. Damit war nun der Großteil Dänemarks und Brandenburgs unter Wallensteins Kontrolle, der die Gebiete für den Kaiser hielt. Seine Truppen nahmen auch Magdeburg und Augsburg ein und zwangen die Städte, wieder zum Katholizismus zurückzukehren.

Damit war der Kaiser in einer Position, mit dem sogenannten Restitutionsedikt von 1629 den von den Protestanten säkularisierten Kirchenbesitz zurückzufordern

Der schwedische König Gustav Adolf (1594–1632) kam just in dieser Phase mit einer Armee in Pommern an, entschlossen, seine Glaubensgeschwister zu unterstützen. Obwohl er Schwierigkeiten hatte, die deutschen Protestantenfürsten für sich zu gewinnen, bekam er finanzielle Unterstützung von Kardinal Richelieu, dem Ersten Minister des französischen Königs, der wiederum an kaiserlichem Gebiet im Rheinland interessiert war. Gustav Adolf, ein geschickter Feldherr, konnte mit einem entscheidenden Sieg in der Schlacht von Breitenfeld (1631) das Blatt wenden und den Protestantismus retten. Im folgenden Jahr trafen Wallenstein und er bei der Schlacht von Lützen aufeinander. Zwar wurden die kaiserlichen Streitkräfte besiegt, Gustav Adolf jedoch getötet. Wallenstein fiel 1634 einem Attentat zum Opfer.

DER DREISSIGJÄHRIGE KRIEG: 1618–48

Karte 53

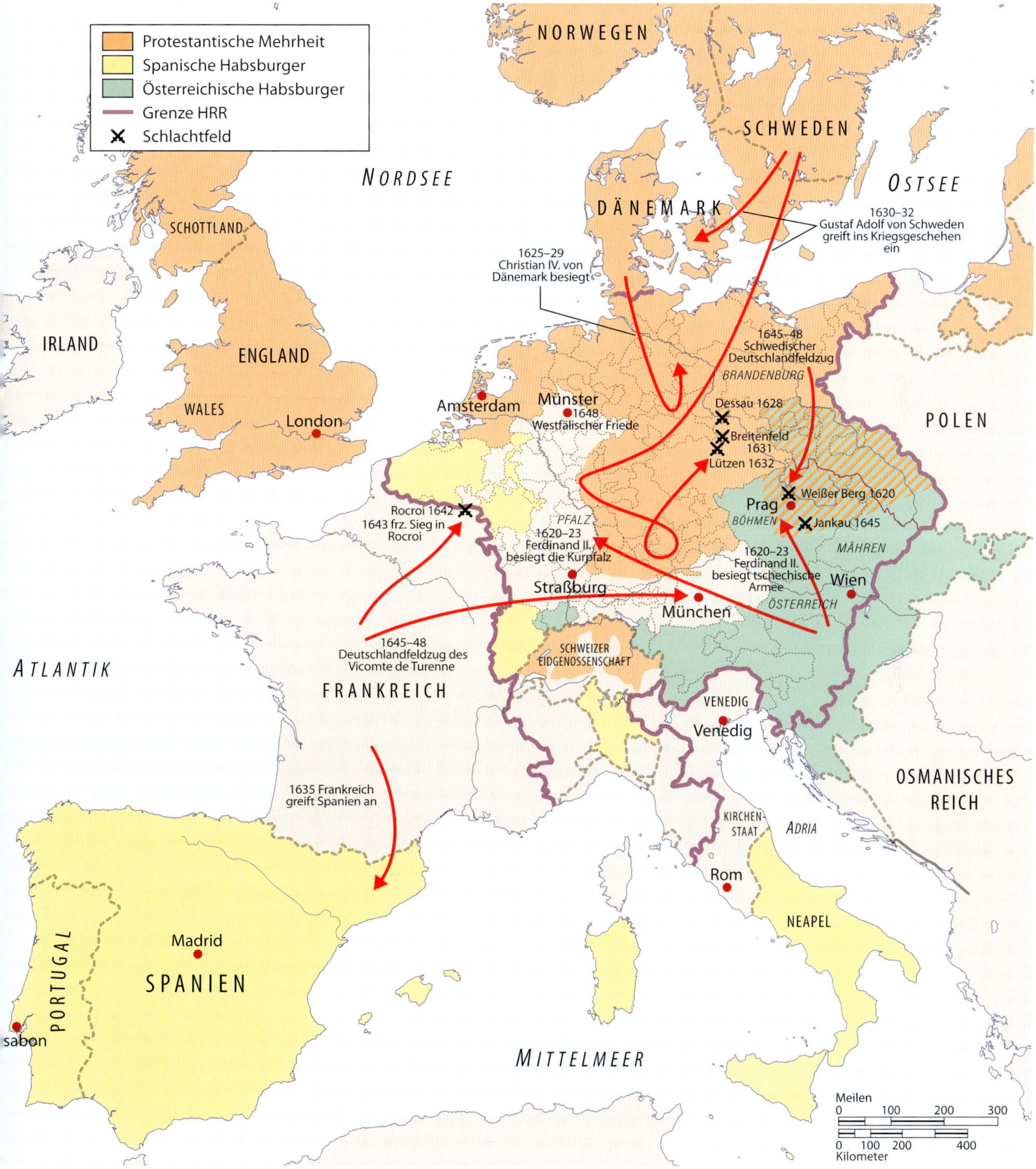

Die Nachwehen des Krieges

Obwohl die meisten großen Feldherren mittlerweile verstorben waren, zog sich der Dreißigjährige Krieg noch weiter hin; keine der Kriegsparteien war in der Lage, einen entscheidenden Sieg zu erringen. Die Schlacht von Nördlingen (1634) zeigte deutlich, dass die katholische Fraktion Norddeutschland nicht halten konnte, genausowenig wie die Protestanten den Süden. Da nun auch französische Soldaten auf der protestantischen Seite kämpften, dauerte der Krieg noch 14 weitere Jahre an, bevor nach langen Verhandlungen ein Kompromiss ausgehandelt werden konnte und der Westfälische Friede im Oktober 1648 unterzeichnet wurde.

Die Klauseln des Abkommens gaben Frankreich das Recht auf Metz, Verdun, Toul und Gebiete im Elsaß und in Lothringen, während Schweden mit Westpommern einen Brückenkopf in Zentraleuropa hatte. Brandenburg bekam den Osten Pommerns, Magdeburg und einige Bistümer. Sachsen erhielt die Lausitz, Bayern Gebiete in der Pfalz und die Kurwürde. Der Schweiz und den Vereinigten Niederlanden wurde die Unabhängigkeit zuerkannt.

Gebietsverschiebungen

Obwohl der Krieg vordergründig ein religiöser Konflikt gewesen war, hatte sich die konfessionelle Aufteilung Europas nicht signifkant verändert. Der Westfälische Friede setzte den Augsburger Religionsfrieden wieder in Kraft, mit dem Zusatz, dass die reformierte Kirche denselben gesetzlich anerkannten Status wie die katholische und die lutherische hatte: je nach Landesregierung durfte nun auch die reformierte Konfession frei gewählt werden. Mit Ausnahme einiger Ländereien der österreichischen Habsburger blieben die Gebietszugewinne der Gegenreformation bestehen. Gebiete, die im Januar 1624 katholisch oder protestantisch (d.h. vor der Rekatholisierung vieler Kirchengebiete in Norddeutschland, aber nach der Eroberung der Pfalz) gewesen waren, sollten dies auch bleiben.

Katastrophale Folgen

Der größte Verlierer des Krieges war die deutsche Bevölkerung. 30 Jahre lang waren Armeen plündernd, vergewaltigend und zerstörend durch das Land gezogen, worauf Pest und Hungersnot folgten. In einigen Gebieten kam es sogar zu Kannibalismus. Der Krieg hatte Deutschland in die Barbarei gestürzt und das Ende vieler kleiner Fürstentümer eingeläutet. Es wird geschätzt, dass das deutsche Gebiet nach dem Krieg rund acht Millionen weniger Einwohner hatte, was etwa einem Drittel der Gesamtbevölkerung entsprach.

Mystik

Die religiösen Entwicklungen dieser Zeit spiegelten das Leid der Menschen wider, die stark wegen der plündernden Armeen, der Pest und der Hungersnot gelitten hatten. Es gab einen großen Zuwachs bei individualistischen Mystikbewegungen, wie etwa der des Jakob Böhme (1572–1624). Er lehnte das Materielle und die Welt ab; seine Schriften drehten sich oft um Ekstase, die sich durch die göttliche Gegenwart in der Seele des Menschen erleben lässt.

DER WESTFÄLISCHE FRIEDE: 1648

Karte 54

Europa um 1648

Mit dem Westfälischen Frieden endete der letzte große Religionskrieg in Europa. Diese Einigung, in der zum ersten Mal ein diplomatisches Treffen alle beteiligten Parteien zusammenführte, war der Grundstein für zukünftige Lösungen bewaffneter Konflikte zwischen europäischen Nationen.

Europa hatte sich von Grund auf verändert. Kardinal Richelieu hatte Ludwig XIV. zum absoluten Herrscher Frankreichs gemacht und Frankreich zur führenden Nation Europas. Als eine der Gewinnerparteien bekam Frankreich Elsaß-Lothringen und andere kleine Gebiete.

Wie Frankreich war auch Schweden siegreich aus dem Krieg hervorgegangen und wurde durch die Kontrolle über die Ostsee die mächtigste Nation Nordeuropas.

Spanien und das Heilige Römische Reich erkannten die Unabhängigkeit der Schweiz an. Mit dem Vertrag von Münster (1648) gestand Spanien auch den Vereinigten Provinzen der Niederlande ihre Unabhängigkeit zu – eine Handlung, die den achtzigjährigen Krieg zwischen den Niederländern und Spaniern beendete. Spanien und die spanischen Habsburger selbst verloren hingegen Kolonien und Territorialbesitz.

Die deutschen Fürsten hatten ihre Eigenständigkeit gewonnen, womit jeder Staat das Recht hatte, eine eigene Gesetzgebung zu gestalten, anstatt dem Willen des Kaisers zu gehorchen. Jedes Fürstentum konnte nun sowohl den lutherischen als auch den katholischen als auch den reformierten Glauben zur offiziellen Religion erklären. Nichtsdestotrotz blieb Deutschland ein geteiltes Land aus hunderten individuellen, souveränen Staaten. Mit dieser Souveranität endete 1648 auch der Einfluss des Heiligen Römischen Reiches. Für den Katholizismus war der Westfälische Friede der Endpunkt der Gegenreformation. War Religion vor 1648 noch ein wichtiger Faktor für Innen- und Außenpolitik gewesen, so ließ ihre Bedeutung nach dem Dreißigjährigen Krieg ließ deutlich nach.

RELIGIÖSE VERTEILUNG IN EUROPA NACH 164

Katholisch
Katholischer Einfluss
Lutherisch
Anglikanisch
Calvinistisch / reformiert
Calvinistischer Einfluss
Böhmische Brüder (Minderheit)
Orthodox
Muslimisch
Grenze HRR
Grenze Osmanisches Reich
NORWEGEN
Christiania (Oslo)
Stockholm
SCHWEDEN
LIVLAND
KURLAND
OSTSEE
Kopenhagen
DÄNEMARK
PREUSSEN
Elbe
Berlin
Hannover
BRANDENBURG
Weichsel
LITAUEN
Warschau
RUSSLAND
HEILIGES RÖMISCHES REICH
SACHSEN
Dresden
SCHLESIEN
Rhein
Oder
POLEN
Kiew
Prag
BÖHMEN
PFALZ
Nürnberg
MÄHREN
WÜRTTEMBERG
UNGARN
Dnjepr
Straßburg
BAYERN
ÖSTERREICH
Wien
Dnjestr
Basel
SCHWEIZER EIDGENOSSENSCHAFT
TRANSSILVANIEN
MOLDAWIEN
Genf
Donau
VENEDIG
Venedig
Genua
WALACHEI
BOSNIEN
Florenz
TOSKANA
KIRCHEN-STAAT
SERBIEN
OSMANISCHES REICH
(MUSLIMISCHE MINDERHEIT)
KORSIKA
Rom
NEAPEL
Neapel
SARDINIEN
GRIECHEN-LAND
OSMANISCHES REICH
ELMEER
SIZILIEN
KRETA
ZYPERN

Die Kolonien in Nordamerika

Nordamerika wurde von mehreren europäischen Nationen besiedelt. Auf ihrem Vorstoß nach Norden von Neuspanien aus gründete Spanien umfangreich neue Siedlungen in den Gebieten, die heute zu Florida, Louisana, Texas, New Mexico, Arizona und Kalifornien gehören.

Während die katholische Reform weltweit missionarische Unternehmungen auslöste, waren auch protestantische Länder wie England oder die Niederlande darum bemüht, neue Länder zu entdecken und zu besiedeln, jedoch nahm die Evangelisation der Volksgruppen, die sie trafen, keine große Rolle in diesen Bemühungen ein.

1626 gründeten holländische Händler nach einem Jahrzehnt des erfolgreichen Pelzhandels am Hudson River Neu-Amsterdam. 1664 wurde die Stadt von englischen Streitkräften eingenommen und auf New York umgetauft.

1638 besiedelten schwedische Einwanderer Gebiete (Neu-Schweden) entlang des Delaware, die mit der Einnahme von Fort Christiana 1655 jedoch unter holländische Kontrolle gerieten, bis diese wiederum von den Engländern vertrieben wurden.

Maryland

1634 kamen katholische Siedler, darunter zwei Jesuiten, aus England nach Maryland, um dort ein Gebiet zu erschließen, das Jakob I. seinem Staatssekretär, George Calvert, geschenkt hatte. 1649 wurde in Maryland ein Gesetzesentwurf zur religiösen Toleranz erlassen, der seiner Zeit weit voraus war. Er wurde jedoch wieder außer Kraft gesetzt, als die Kolonie während des englischen Bürgerkriegs von Protestanten eingenommen wurde. Nach der Stuart-Restauration wurde die anglikanische Kirche zur offiziellen Staatskirche Marylands erklärt.

Im späten 17. Jahrhundert gründete William Penn die nach ihm benannte Quäkerkolonie Pennsylvania, die auch viele Mennoniten und Lutheraner anzog.

Im Süden, in den Carolinas und Georgia, mischten sich unterschiedliche religiöse Traditionen. In den Kolonien, die von Plantagenbesitzern und Sklavenhaltern unterhalten wurden, war die anglikanische Kirche offiziell Staatskirche. Die hauptsächlich puritanischen Kleinbauern und Handwerker siedelten sich in den Hügelgegenden am Fuße der Appalachen an.

Protestantische Missionare

Die protestantischen Kolonien hatten nur eingeschränkten Erfolg mit ihrer Missionierung der Urbevölkerung. Einer der ersten, die nach Neuengland kamen, um als Missionar unter den dort lebenden Stämmen zu wirken, war John Eliot (1604–90), ein anglikanischer Geistlicher. Für die Indigenen, die als Christen nicht länger in ihrem Stamm leben konnten, gründete er sogenannte „Gebetsstädte" *(Praying Towns)*, die eine ähnliche Funktion erfüllten wie die Jesuitenreduktion in Südamerika. 1671 hatte Eliot 14 solcher selbstverwalteten Dörfer gegründet, in denen etwa 3.600 Menschen lebten. Zudem begann er, indianische Geistliche auszubilden und die Bibel in die Massachusetts-Sprache zu übersetzen. Ein weiterer Missionar war Thomas Mayhew Jr. (1618–57), der seine Missionsarbeit 1647 in Martha's Vineyard aufnahm. Laut Schätzungen waren 1675, als ein Aufstand der Wampanoag die Missionsarbeit beendete, etwa 20 % der indigenen Bevölkerung zumindest nominell Christen.

EUROPÄISCHE KOLONIEN IN NORDAMERIKA Karte 56

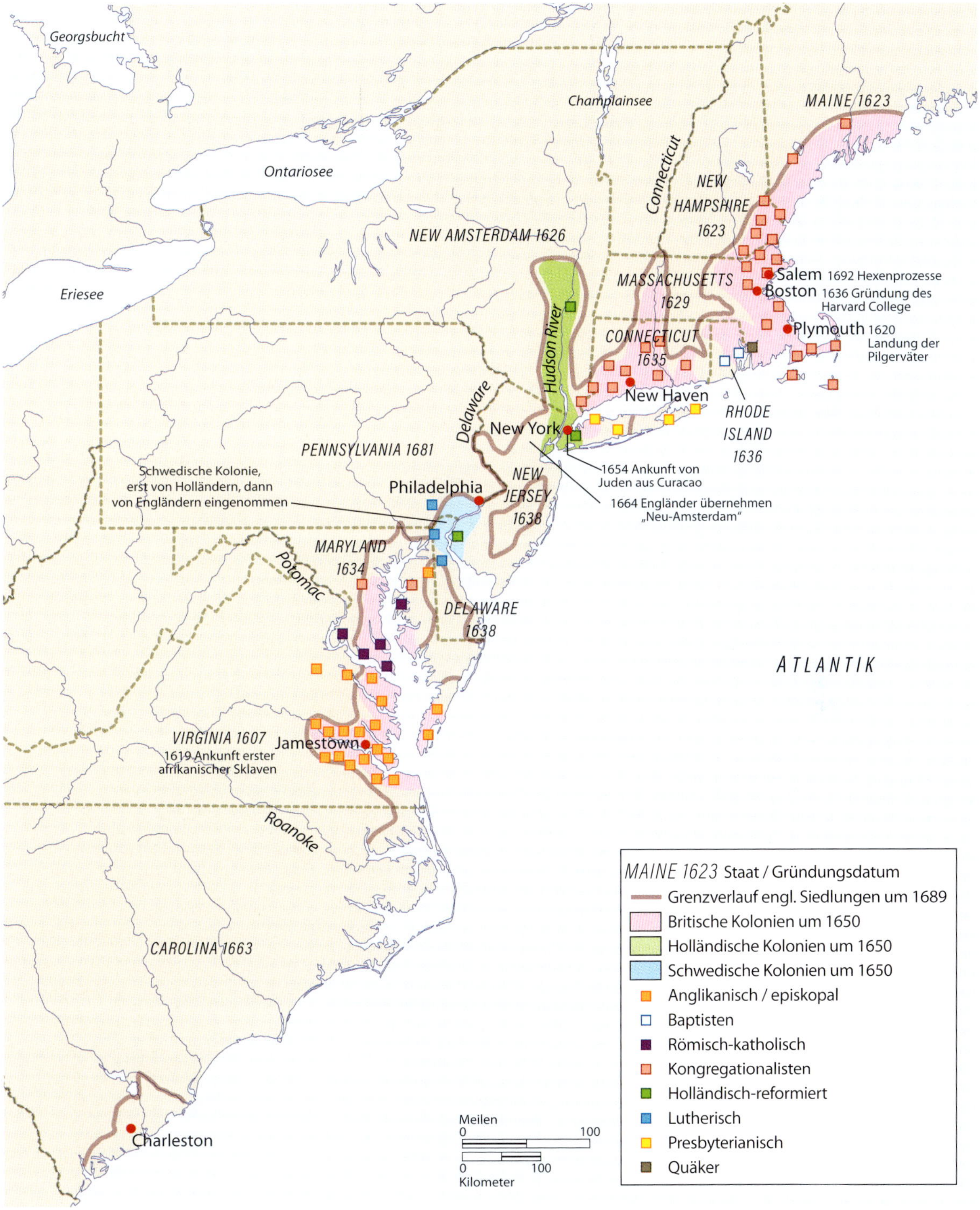

Als Königin Elisabeth I. 1603 starb, schien sie ihr Ziel, einen Religionskrieg in England zu vermeiden, erreicht zu haben. Sie hatte die Puritaner erfolgreich daran gehindert, ihre religiöse Einigung zu beeinflussen, und gleichzeitig die meisten von ihnen innerhalb der anglikanischen Kirche behalten.

Jakob Stuart, König von Schottland, der 1603 als Jakob I. den englischen Thron bestieg, gelang es ebenfalls, nicht auf die Forderungen der Puritaner einzugehen, sie aber gleichzeitig nicht vor den Kopf zu stoßen. Den Forderungen gemäßigter Puritaner bei der Konferenz von Hampton Court nach einer verbindlichen Bibelübersetzung gab er statt und rief damit die King James Bibel ins Leben, die 1611 veröffentlicht wurde. Während Jakobs Herrschaft blieb Königin Elisabeths Regelung bestehen und die anglikanische Kirche offen genug, um jeden bis auf die radikalsten Separatisten und entschiedene Katholiken zu beheimaten.

Karl I.

Während der Regentschaft von Jakobs Sohn Karl I. geriet die Situation aus dem Gleichgewicht. Karl machte sich treue Untertanen zu Feinden. Für die Puritaner war besonders die Ernennung von Kirchenführern besorgniserregend, die in ihren Augen „Arminier“ katholischer Prägung waren.

Karl stand dem Calvinismus feindselig gegenüber und ernannte den Arminier William Laud (Amt: 1633–45) zum Erzbischof von Canterbury, der seine eigenen Glaubensregeln rigoros durchsetzte und andersdenkende Geistliche zu ihnen zwang oder entließ. Viele Puritaner wanderten im Zuge dessen nach Nordamerika aus, während andere Opposition gegen Karls Politik mit der Unterstützung niederer Adelsstände im Parlament betrieben.

Indessen versuchte William Laud, auch in Schottland mehr Einheitlichkeit durch die Einführung des anglikanischen Gebetbuchs zu erzwingen. Die Schotten reagierten mit der Verfassung einer Bestimmung, dem *National Covenant,* mit dem sie den Gebrauch des neuen Gebetbuchs ablehnten, der Abschaffung des Episkopats und der Entsendung einer schottischen Armee. Dies zwang den König dazu, das Parlament einzuberufen, um eine Kriegsfinanzierung in Kraft zu setzen. Jedoch weigerte sich

König Karl I.

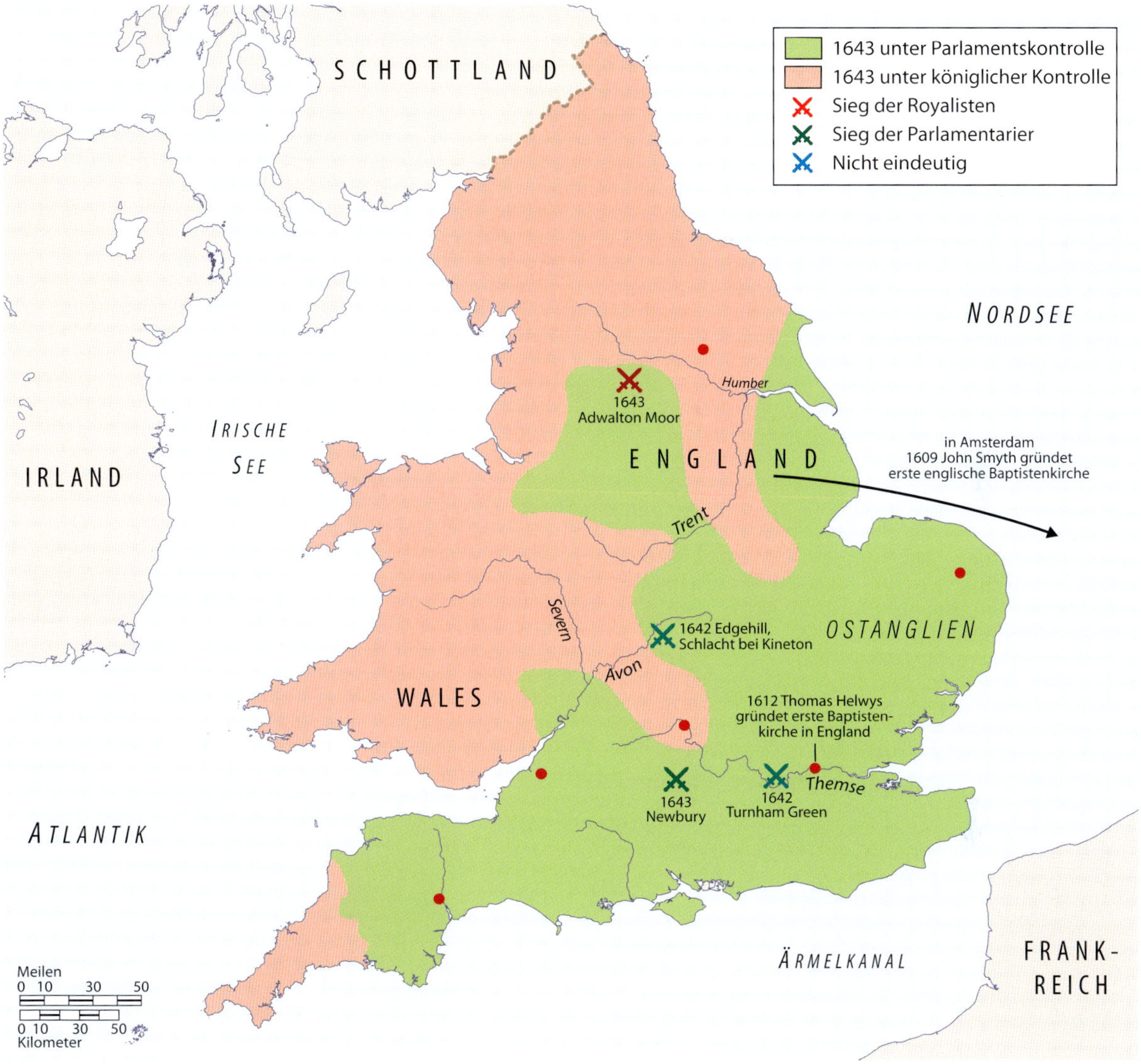

das Parlament und so berief er das „Lange Parlament“ ein, das jedoch weiterhin gegen ihn opponierte. Gleichzeitig brach 1641 eine katholisch angeführte Rebellion in Irland aus, bei der tausende protestantische Siedler in Ulster getötet wurden.

Kriegsbeginn

Im August 1642 verließ Karl London und rief seine Armee in Nottingham zusammen. Der daraus resultierende Krieg war in erster Linie ein Machtkampf zwischen König und Parlament um verfassungsrechtliche Fragen, hatte jedoch auch eine religiöse Dimension. Keine der beiden Seiten wollte diesen Krieg und beide mussten schwer darunter leiden. Die Puritaner konnten zwar den Sieg erringen, fanden sich aber bald schon mit innerparteilichen Spaltungen konfrontiert.

Karl I. verlor den englischen Bürgerkrieg. Der begabte Stratege Oliver Cromwell (1599–1658) tat sich als Anführer der Parlamentsarmee hervor und besiegte mit seiner aus entschlossenen Puritanern bestehenden „New Model Army" eine wesentlich erfahrenere Armee unter der Führung kampferprobter Generäle. Die Entscheidungsschlacht fand 1645 bei Naseby statt, wo Cromwells Truppen die königlichen Armeen zurückschlugen.

Die Parlamentsarmee wäre ursprünglich bereit gewesen, einen Kompromiss zu schließen und im Austausch für mehr religiöse Freiheiten und eine Reform des Parlaments Karl I. wieder als Staatsoberhaupt zu akzeptieren. Jedoch floh der König, verbündete sich mit Schottland und nahm die Kämpfe von Neuem auf. Nach einer erneuten Niederlage wurde er im Januar 1649 hingerichtet.

Der Niedergang der Monarchie offenbarte jedoch tiefe religiöse Kluften innerhalb der siegreichen puritanischen Fraktion. Während seiner Regentschaft als Lordprotektor hielt Cromwell sein geteiltes Land zwar zusammen, jedoch wuchs die Zahl der Sekten massiv an: Die chiliastische Gruppe der Quintomonarchisten etwa war äußerst gewaltbereit, während Splittergruppen wie die Levellers („Gleichmacher") andere radikalpolitische und sozio-ökonomische Ziele verfolgten.

Das Bekenntnis von Westminster

1643–47 tagte die Synode von Westminster, die einberufen wurde, um eine Erneuerung der englischen Kirche zusammen mit Calvinisten aus England und Schottland durchzuführen. Die Mehrheit vertrat ein presbyterisches System, während einige wenige für ein abgewandeltes Episkopat stimmten. Die Independenten („Unabhängigen") lehnten beide Systeme ab. Das Ergebnis ihrer Diskussionen und Überlegungen war eine der größten Bekenntnisschriften der schottischen Kirche: das Bekenntnis von Westminster.

Restauration der Monarchie

Nach dem Tod Cromwells wurde sein Sohn Richard Lordprotektor des Commonwealth. Seine Regentschaft hielt jedoch nicht einmal ein Jahr. Karl II., der Sohn Karls I., kehrte zurück, um ein offensichtlich religiös gespaltenes Königreich zu ordnen. Im Zuge seiner Restauration machte er die anglikanische Kirche wieder zur offiziellen Staatskirche und unterwarf die Puritaner rigorosen gesetzlichen Anforderungen (im sog. *Clarendon Code*). Viele Puritaner verließen die anglikanische Kirche daraufhin.

Der Bürgerkrieg war einer der blutigsten Konflikte Englands; jeder vierzehnte junge Mann wurde im Verlauf der Kämpfe getötet. Es war aber auch der erste Schritt zu einer modernen Entwicklung, mit der Religion immer mehr zur Privatsache werden sollte. Innerhalb von drei Jahrzenten entwickelte sich eine Form der religiösen Toleranz in England, die nun nahezu alle Konfessionen bis auf Katholiken und Anti-Trinitarier einschloss.

Kupferstich von König Jakob II.

DER ENGLISCHE BÜRGERKRIEG: 1644–49

Karte 58

Cromwells Außenpolitik

In seiner Rolle als Lordprotektor des Commonwealth hoffte Cromwell darauf, eine protestantische Liga in Nordeuropa aufbauen zu können. Er war als Vermittler bei einem Streit zwischen Dänemark und Schweden tätig, in dessen Verlauf er auch ein Bündnis mit den Schweden einging, stiftete Frieden zwischen protestantischen Nationen, vertiefte die englisch-holländischen Beziehungen, beendete Piraterie auf dem Ärmelkanal und stärkte den Außenhandel.

Zwischen 1649 und 1652 schlug Cromwell einen von der königstreuen Fraktion finanzierten Aufstand in Irland nieder, bei dem seine Truppen brutale Massaker in Drogheda und Wexford anrichteten.

In seiner Außenpolitik baute Cromwell vor allem auf seine Seemacht. 1653 bestand die englische Flotte aus 180 Schiffen – mehr als Frankreich, Spanien oder die Niederlande besaßen. 1654 gab Cromwell eine geheime Operation mit dem Titel „Western Design" in Auftrag, die spanische Kolonien in der Karibik als Angriffsziel hatte. Cromwell forderte von den Spaniern, dass englischen Bürgern in spanischen Kolonien Glaubensfreiheit gewährt werde und dass englische Handelsflotten nicht länger belästigt werden sollten. Um dieser Forderung Ausdruck zu verleihen, nahm er Jamaika ein. Cromwell hatte gehofft, dort Puritaner aus Neuengland anzusiedeln, jedoch entwickelte sich die Insel zu einem Abschiebeort für Rebellen und Kriminelle.

Im April 1655 griff Cromwells Seeflotte eine Piratenfestung im nordafrikanischen Tunis an und zwang den Sultan dazu, englische Gefangene und Sklaven freizulassen. Im Mai desselben Jahres fing der katholische Herzog von Savoyen an, Waldenser brutal zu verfolgen. Cromwell entsandte einen Unterhändler, um ihnen zu helfen, und rief zu einer Spendenkampagne in der protestantischen Welt für die Opfer der Verfolgungen auf. Im Juni 1658 besiegten englische Truppen die Spanier bei Mardyk, Gravelines und Dunkirk. Als Lohn für seine Unterstützung der Franzosen bekam Cromwell Dunkirk zugesprochen, das Karl II. später jedoch wieder an die Franzosen zurückverkaufte.

Oliver Cromwell (1599–1658)

Rückkehr der Juden

1290 waren viele Juden aus England verbannt worden. Als Befürworter der Religionsfreiheit und in der Hoffnung, dass das jüdische Volk sich zu Christus bekehren und damit die Endzeit einläuten würde, lud er sie wieder nach England ein. Die einzige Auflage war, ihren Glauben nicht öffentlich auszuleben. Er empfing auch einen der jüdischen Wortführer, Menasse ben Israel (1604–57), offiziell in Whitehall.

OLIVER CROMWELLS KRIEGE: 1649–58 Karte 59

Christentum in Japan

1549 landete der Jesuit Franz Xaver in Japan, gerade mal sechs Jahre nach den ersten portugiesischen Händlern. Auf Goa hatte er einen Japaner names Yojiro getroffen, der ihm von seiner Heimat berichtet hatte. In dessen Begleitung reisten Xaver und zwei weitere Jesuiten nach Japan. Obwohl Xaver anfänglich nur wenig erreichte, bewunderte er das japanische Volk: „Die Leute, mit denen wir es bis jetzt zu tun hatten, sind die besten, die ich bis jetzt kennengelernt habe [...], ihr sollt wissen, dass Japan vorzügliche Voraussetzungen für die Ausbreitung unseres Glaubens biete[t].“ Er blieb zwei Jahre in Japan und hinterließ die ersten Gruppen japanischer Christen.

Nach Xavers Tod setzten andere Jesuiten seine Arbeit fort, jedoch mit deutlich weniger Erfolg. Um 1600 umfasste die japanische Kirche etwa 300.000 Mitglieder. Die Situation in Japan begünstigte missionarische Aktivitäten: die politische Macht lag bei den 250 *Daimyos* (Feudalherren) und der Buddhismus verlor gerade an Bedeutung. Mit der Unterstützung einiger örtlicher *Daimyos* errichteten die Jesuiten ein Seminar, um japanische Priester auszubilden.

Nachdem die Machtstrukturen jedoch wieder zugunsten des Monarchen, des Shoguns, zentralisiert wurden, änderte sich die Lage: Toyotomi Hideyoski misstraute den Christen zunehmend und verdächtige sie, subversiv zu handeln und sich mit regionalen Herrschern zu verschwören. Mit der Ankunft spanischer Franziskaner 1593 und einer darauffolgenden Rivalität zwischen christlichen Herrschern, wendete er sich endgültig gegen die Gläubigen: 1597 ließ er 20 japanische Priester und sechs Spanier kreuzigen und verwies Jesuiten und Franziskaner des Landes. Sein Nachfolger Tokugawa Ieyasu war anfänglich noch mit christlichen *Daimyos* verbündet und tolerierte das Christentum.

Die Niederlande lösten um 1609 Portugal als Japans Haupthandelspartner ab. Zusammen mit den Engländern warnten sie den japanischen Herrscher vor den imperialistischen Zügen der Spanier.

Verfolgungen

Es dauerte nicht lange, bis der Shogun seine Geduld verlor und 1614 ein gegen Christen gerichtetes Edikt erließ: „Die Kirishitan [Christen] sind nach Japan gekommen [...], um ein bösartiges Gesetz zu verbreiten, die einzig wahre Lehre niederzuwerfen, damit sie die Regierung unserer Nation umwälzen und unser Land in Besitz nehmen können. Dies ist die Saat für eine große Katastrophe und muss sofort ausgerottet werden.“

Ein Bauernaufstand, der mit christlicher Hilfe begonnen hatte, wurde zudem 1637–38 niedergeschlagen und war der endgültige Auslöser einer brutalen Kampagne der Christenverfolgung. Sie wurden besonders grausam behandelt, um sie zur Abkehr von ihrem Glauben zu zwingen: an den Rand des Todes gefoltert, wurde ihnen Zeit zur Erholung gegeben, um die Folter von Neuem zu beginnen. Dieser Zyklus wurde so oft wiederholt, bis sie ihren Glauben aufgegeben hatten. Viele Christen wurden auch hingerichtet: Japaner gekreuzigt, Europäer auf dem Scheiterhaufen verbrannt. Etwa 6.000 Menschen starben im Verlauf dieser Verfolgungen.

1640 rief die japanische Regierung ein Amt zur Überwachung christlicher Aktivitäten ins Leben: Um im Geheimen lebende Christen aufzuspüren, führten sie die Zeremonie des „Bildertretens“ ein. Einwohner bestimmter Städte wurden regelmäßig aufgefordert, Bilder von Jesus und der Jungfrau Maria zu zertreten. Im Zuge dieser Überwachung wurde die japanische Kirche so gut wie ausgerottet. Nur ein verschwindend geringer Teil überlebte.

KATHOLISCHE MISSIONARE IN JAPAN

Karte 60

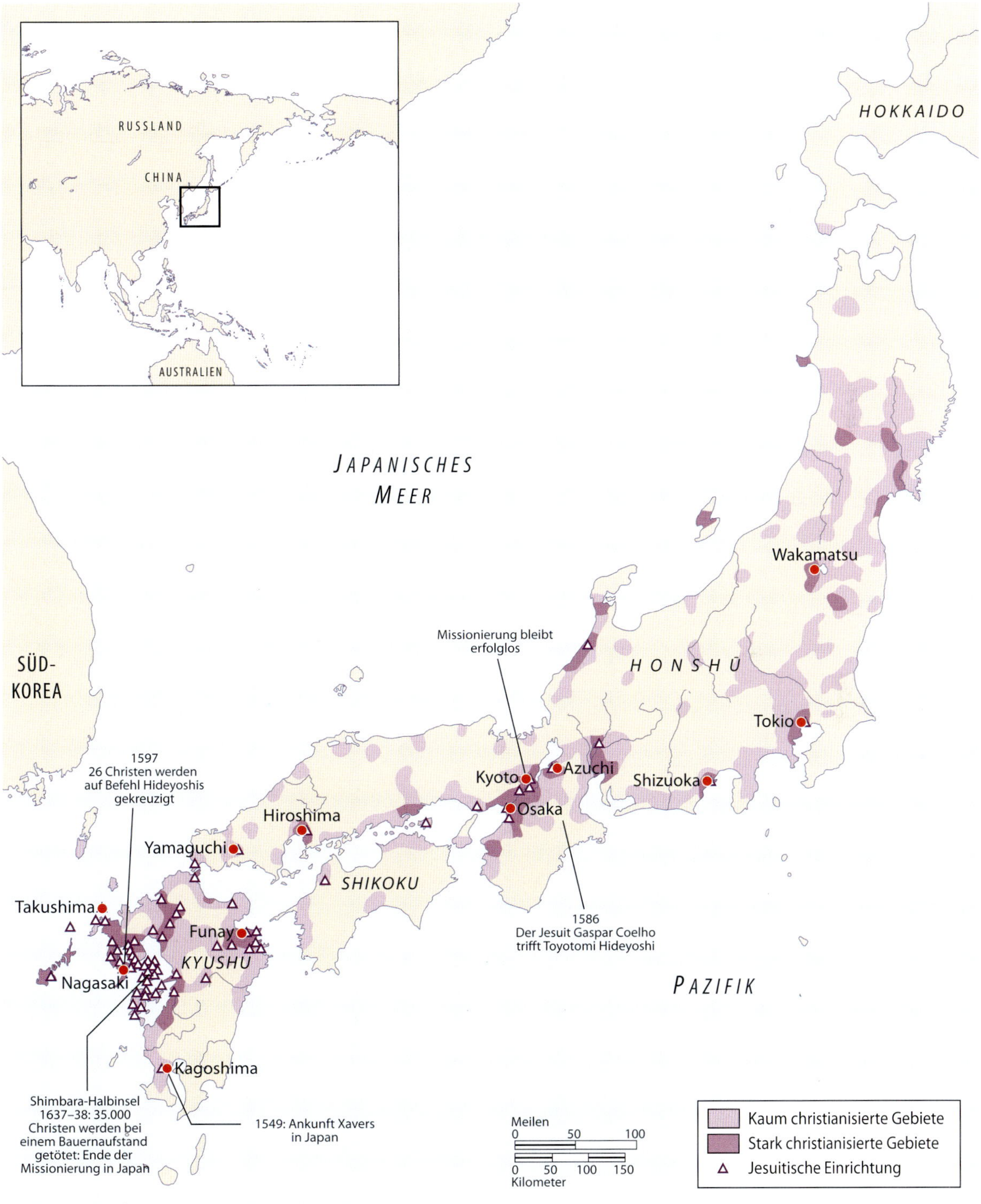

Literaturverzeichnis

Die Kirche im Spätmittelalter

Hartmut Boockmann, Heinrich Dormeier, Konzilien, Kirchen- und Reichsreform 1410–1495 (Gebhardt. Handbuch der deutschen Geschichte, Band 8), Stuttgart 2005.

Klaus Herbers, Geschichte der Päpste in Mittelalter und Renaissance (Reclams Universal-Bibliothek 19275), Stuttgart 2014.

Volker Leppin, Reformatorische Gestaltungen. Theologie und Kirchenpolitik in Spätmittelalter und Früher Neuzeit (Arbeiten zur Kirchen- und Theologiegeschichte 43), Leipzig 2015.

Gottfried Seebaß, Geschichte des Christentums III. Spätmittelalter – Reformation – Konfessionalisierung (Theologische Wissenschaft 7), Stuttgart 2006.

Hellmut Zschoch, Die Christenheit im Hoch- und Spätmittelalter. Von der Kirchenreform des 11. Jahrhunderts zu den Reformbestrebungen des 15. Jahrhunderts (Zugänge zur Kirchengeschichte 5), Göttingen 2004.

Die Reformation

Friedrich Wilhelm Graf, Der Protestantismus. Geschichte und Gegenwart (Beck'sche Reihe), München 2006.

Volker Leppin, Die Reformation (Geschichte kompakt), Darmstadt 2013.

Diarmaid MacCulloch, Die Reformation. 1490–1700 (aus dem Englischen von Bernd Leineweber u.a.), München 2010.

Rudolf Mau, Evangelische Bewegung und frühe Reformation 1521 bis 1532 (Kirchengeschichte in Einzeldarstellungen II/5), 4. Auflage, Leipzig 2000.

Heiko Augustinus Oberman, Zwei Reformationen. Luther und Calvin – Alte und Neue Welt (aus dem Englischen von Christian Wiese), Berlin 2003.

Luise Schorn-Schütte, Die Reformation. Vorgeschichte, Verlauf, Wirkung (Beck'sche Reihe), 6. Auflage, München 2016.

Martin Luther

Albrecht Beutel, Martin Luther. Eine Einführung in Leben, Werk und Wirkung, 2. Auflage, Leipzig 2006.

Martin Brecht, Martin Luther. Sein Weg zur Reformation 1483–1521 (Band 1); Ordnung und Abgrenzung der Reformation 1521–1532 (Band 2); Die Erhaltung der Kirche 1532–1546 (Band 3), Stuttgart 1981, 1986, 1987.

Thomas Kaufmann, Martin Luther (Beck'sche Reihe), 3. Auflage, München 2015.

Dietrich Korsch, Martin Luther. Eine Einführung, 2. überarbeitete Auflage, Tübingen 2007.

Volker Leppin, Martin Luther (Gestalten des Mittelalters und der Renaissance), 2. Auflage, Darmstadt 2006.

Bernhard Lohse, Martin Luther. Eine Einführung in sein Leben und sein Werk, München 1981.

Heiko Augustinus Oberman, Martin Luther. Mensch zwischen Gott und Teufel, 2. Auflage, Berlin 1987.

Volker Reinhardt, Luther der Ketzer. Rom und die Reformation, München 2016.

Reinhard Schwarz, Luther, 4. Auflage, Göttingen 2014.

Ulrich Zwingli

Ulrich Gäbler, Huldrych Zwingli. Leben und Werk, 3. Auflage, Zürich 2004.

Martin Opitz, Ulrich Zwingli. Prophet, Ketzer, Pionier des Protestantismus, Zürich 2015.

Johannes Calvin

Wulfert de Greef, Johannes Calvin. Eine Einführung in sein Leben und seine Schriften (aus dem Niederländischen von Ralf Laubert), Neukirchen-Vluyn 2009.

Peter Opitz, Leben und Werk Johannes Calvins, Göttingen 2009.

Willem van't Spijker, Calvin. Biographie und Theologie (aus dem Niederländischen von Hinrich Stoevesandt) (Die Kirche in ihrer Geschichte. Ein Handbuch, Band 3/2), Göttingen 2001.

Das konfessionelle Zeitalter

Hubert Kirchner, Reformationsgeschichte von 1532–1555/1566. Festigung der Reformation, Calvin, Katholische Reform, Konzil von Trient (Kirchengeschichte in Einzeldarstellungen II/6), Berlin 1987.

Harm Klueting, Das Konfessionelle Zeitalter. Europa zwischen Mittelalter und Moderne. Kirchengeschichte und Allgemeine Geschichte, Darmstadt 2007.

Ernst Koch, Das konfessionelle Zeitalter – Katholizismus, Luthertum, Calvinismus 1563–1675 (Kirchengeschichte in Einzeldarstellungen II/8), Leipzig 2000.

Diarmaid MacCulloch, Die zweite Phase der englischen Reformation (1547–1603) und die Geburt der anglikanischen Via Media (aus dem Englischen von Stefan Hanke) (Katholisches Leben und Kirchenreform im Zeitalter der Glaubensspaltung 58), Münster 1998.

Karl-Heinz zur Mühlen, Reformation und Gegenreformation (Zugänge zur Kirchengeschichte 6/I+II), Göttingen 1999.

Standardnachschlagewerke

Lexikon für Theologie und Kirche, 11 Bände, hg. v. Walter Kaspar u.a., 3. völlig neu bearbeitete Auflage, Freiburg im Breisgau 1993–2001. (katholisch)

Religion in Geschichte und Gegenwart. Handwörterbuch für Theologie und Religionswissenschaft, 8 Bände, hg. v. Hans Dieter Betz u.a., 4. völlig neu bearbeitete Auflage, Tübingen 1998–2007. (protestantisch)

Theologische Realenzyklopädie, 36 Bände, hg. v. Gerhard Krause und Gerhard Müller, Berlin 1976–2007. (protestantisch)

Quellen

Evangelische Bekenntnisse. Bekenntnisschriften der Reformation und neuere Theologische Erklärungen, Teilband 1 und 2. Im Auftrag der Union Evangelischer Kirchen in der Evangelischen Kirche in Deutschland, 2. Auflage, Bielefeld 2008.

Calvin-Studienausgabe, hg. v. Eberhard Busch u.a., 8 Bände, Neukirchen-Vluyn 1994–2011.

Martin Luther. Studienausgabe, hg. v. Hans-Ulrich Delius u.a., 6 Bände, Berlin 1982–1999.

Ortsregister

Anmerkung: Angaben beziehen sich auf Kartennummern

Stichwortverzeichnis

Anmerkung: Angaben beziehen sich auf Seitenzahlen. Kursivierte Nummern weisen auf Bildmaterial hin

Urheberrechtshinweise